Python 快乐编程

中学学科创意编程实例

方其桂 / 主编
梁祥　宣国庆 / 副主编

人民邮电出版社

北京

图书在版编目（CIP）数据

Python快乐编程：中学学科创意编程实例 / 方其桂主编. -- 北京：人民邮电出版社，2021.2
 ISBN 978-7-115-54521-3

Ⅰ. ①P… Ⅱ. ①方… Ⅲ. ①软件工具－程序设计－中学－教学参考资料 Ⅳ. ①G634.673

中国版本图书馆CIP数据核字(2020)第133089号

内 容 提 要

本书是一本有趣的 Python 入门书。全书根据中学生熟悉的美术、数学、体育、物理、化学、语文、英语、生物和音乐这 9 门学科设计了 9 个单元，每个单元以课的形式编排，共 30 课。每课精选一个学科知识热点作为案例，贴合学生的认知基础，并通过精巧的案例，让学生对学科知识温故知新，同时也激发学生用编程解决问题的兴趣。学科知识是明线，Python 程序设计语言是技术支持的暗线。每课中的案例解读、问题分析和算法描述都图文并茂，方便读者阅读学习。本书知识结构安排合理，第 1～3 单元是编程的基础知识，第 4～9 单元的 Python 知识由浅入深，但是内容相互独立，读者可以根据个人兴趣跳跃阅读。

本书适合中学生阅读使用，可作为青少年编程竞赛的教材，也可作为信息技术教师教授 Python 语言的参考教材。

◆ 主　　编　方其桂
　副 主 编　梁　祥　宣国庆
　责任编辑　张天怡
　责任印制　王　郁　陈　犇

◆ 人民邮电出版社出版发行　北京市丰台区成寿寺路 11 号
　邮编　100164　电子邮件　315@ptpress.com.cn
　网址　https://www.ptpress.com.cn
　临西县阅读时光印刷有限公司印刷

◆ 开本：700×1000　1/16
　印张：16.75　　　　　　　2021 年 2 月第 1 版
　字数：176 千字　　　　　 2021 年 2 月河北第 1 次印刷

定价：69.80 元

读者服务热线：(010)81055410　印装质量热线：(010)81055316
反盗版热线：(010)81055315
广告经营许可证：京东市监广登字 20170147 号

前言

这是一本 Python 的入门书。通过对本书的学习，你会发现中学学科中的一些问题可以用 Python 程序来解决，还可以用 Python 编写辅助学习的小软件，加深对该学科知识的理解。在此过程中，你会发现 Python 很有趣，很好玩。我们编写这本书，并不是为了培养专业的程序员，而是想带领你发现，编程不是一件遥不可及的事情。只要你开始动手实践，你就会体验到编程的乐趣。

一、什么是编程

简单地说，编程就是人类想办法实现让计算机"干活"的过程。计算机怎么会听我们的话，按我们的想法把事情做好呢？如果我们用计算机能懂的语言写出事情的处理方法，让计算机乖乖地去执行，那么，我们做的就是编程工作。指挥计算机的命令集中到一起就构成了程序。

二、学习编程的理由

乔布斯说，学习编程可以教会你思考。因为学习编程有如下好处。

- 提升问题抽象能力和逻辑思维能力。
- 培养严谨的态度和分析纠错能力。
- 培养专注力和做事的耐心。
- 培养分析和解决问题的能力。

三、为什么选择 Python

Python 是一门代码书写简单，但功能很强大的程序设计语言，目前相当流行。它在网络编程、游戏开发、人工智能、云计算、网络爬虫、Web 开发、数据分析等领域都比较有优势。下面是选择 Python 的三大原因。

- 简单：Python 的代码相对于其他语言来说更精简，非常适合编程初学者。
- 兼容：免费开源，可移植、可扩展、可嵌入多平台使用。
- 模块：拥有丰富的外部库，如海龟模块，可以绘制出各种图案。

四、如何学习 Python

- 兴趣为先：有兴趣，才会有更好的学习效果。
- 循序渐进：不要着急，从简单开始，从模仿开始。
- 动脑动手：学习编程，需要动眼动脑也动手，有实践才会有发现。
- 举一反三：创设编程需求，多编写，多练习。

五、本书特点

- 以学科为单元，一见如故。
- 案例独具匠心，一箭双雕。
- 分析图文并茂，一目了然。
- 答疑精选凝练，一语中的。
- 阅览室理知识，一板一眼。
- 创新园勤练习，一清二楚。
- 代码微课课件，一应俱全。

六、适用读者

本书是一本 Python 编程的启蒙图书，从软件安装到初步应用，仅涉及一些基础算法。以下人群均可使用。

- 想学 Python 编程的中学生。

- 辅导中学生的老师。
- 想入门 Python 的大朋友。

七、本书使用

本书配套资源中每课都提供了微课、课件、案例源代码以及创新园题目和答案，方便读者自主学习使用。关注"职场研究社"微信公众号，回复"54521"即可获取配套资源下载链接。

阅读本书时，建议你边阅读边操作，因为当你看到有趣的案例时会忍不住想测试一下代码功能，另外如果有不懂的地方也方便及时观看相关微课。毕竟学编程语言不能只动眼不动手。

八、本书作者

参与本书编写的作者有省级教研人员，也有全国、省级优质课大赛获奖的信息技术教师。作者长期从事信息技术教学方面的研究，不仅熟悉计算机编程语言，而且了解中学生的学习兴趣和需求，同时具有较为丰富的计算机图书编写经验。

本书由方其桂担任主编，梁祥、宣国庆担任副主编。梁祥负责撰写第 2 单元、第 4 单元、第 7 单元、第 8 单元和第 9 单元，靳婷负责撰写第 1 单元，刘锋负责撰写第 3 单元，宣国庆负责撰写第 5 单元，王芳负责撰写第 6 单元。梁祥前期做了许多书稿策划与资料整理工作，方其桂全程对书稿进行了审校，并对随书资源进行了整理制作。

虽然我们有着编写出版 100 余本计算机图书的经验，且每一本书都经过认真构思验证和反复打磨修改，但仍难免有疏漏之处。在这里，我们衷心希望您对本书提出宝贵的意见和建议，我们的联系邮箱为 zhangtianyi@ptpress.com.cn。

从现在开始，让孩子拥有这本书，让 Python 陪孩子度过一段愉快的、丰富的、穿行在信息时代里的、难忘的中学生活。这是一份很好的亲子礼物，不是吗？

方其桂

目录

第 1 单元　美术课堂

　　第 1 课　信手涂鸦很快乐——初识 Python　　002

　　第 2 课　几何图形我会画——设置小海龟属性　　012

　　第 3 课　图文并茂也不难——设置小海龟动作　　020

　　第 4 课　创意绘画添精彩——应用填充色　　028

第 2 单元　数学课堂

　　第 5 课　图形面积容易算——顺序结构　　037

　　第 6 课　判断在第几象限——选择结构　　046

　　第 7 课　高斯求和咱也会——for 循环　　056

　　第 8 课　妙算最大公约数——while 循环　　063

第 3 单元　体育课堂

第 9 课　跑步时间轻松算——赋值运算　　071

第 10 课　体质指数判健康——选择嵌套　　080

第 11 课　队形排列巧设计——循环嵌套　　088

第 12 课　逢 4 必过小游戏——循环控制　　097

第 4 单元　物理课堂

第 13 课　温度转换换算器——内置函数　　106

第 14 课　巧断凸透镜成像——自定义函数　　113

第 15 课　杠杆的平衡条件——函数的调用　　120

第 5 单元　化学课堂

第 16 课　化学仪器巧分类——列表　　　　　　129

第 17 课　小小元素周期表——元组　　　　　　138

第 18 课　酸碱报告速整理——字典　　　　　　147

第 6 单元　语文课堂

第 19 课　填字组词我最棒——字符串连接　　　157

第 20 课　成语接龙有捷径——字符串查询　　　165

第 21 课　中华诗词识别会——字符串操控　　　172

第 7 单元　英语课堂

第 22 课　拼词游戏巧设计——随机函数　　181

第 23 课　文章词频快统计——数据处理　　191

第 24 课　单词记忆勤训练——字典应用　　199

第 8 单元　生物课堂

第 25 课　细胞分裂好神奇——解析法　　208

第 26 课　神秘的基因编码——穷举法　　216

第 27 课　兔子繁殖能力强——递归法　　225

第 9 单元　音乐课堂

第 28 课　派神唱歌需设置——模块应用　　234

第 29 课　自制音乐播放器——界面设计　　243

第 30 课　巧获歌曲排行榜——网络爬虫　　251

第 1 单元　美术课堂

本单元由 Python 中的小海龟（turtle）领你进入美术课堂，你可以使用各种命令指挥小海龟绘制创意图形，初步认识 Python，感受 Python 的神奇魅力。

学习内容

❀ 第 1 课　信手涂鸦很快乐——初识 Python

❀ 第 2 课　几何图形我会画——设置小海龟属性

❀ 第 3 课　图文并茂也不难——设置小海龟动作

❀ 第 4 课　创意绘画添精彩——应用填充色

第1课

信手涂鸦很快乐
——初识 Python

子曰:"工欲善其事,必先利其器。"要做好一件事,准备工作非常重要。学习 Python 语言也一样,第一步就是要在计算机上下载并安装 Python 软件,再配置 Python 的环境变量。

本课让我们一起来探秘 Python 吧!

1. 理解题意

下载与安装 Python 软件之前,让我们先来认识一下关键单词。

- ◆ **python**(蟒蛇)   ◆ **download**(下载)
- ◆ **install**(安装)   ◆ **cancel**(取消)

2. 开动脑筋

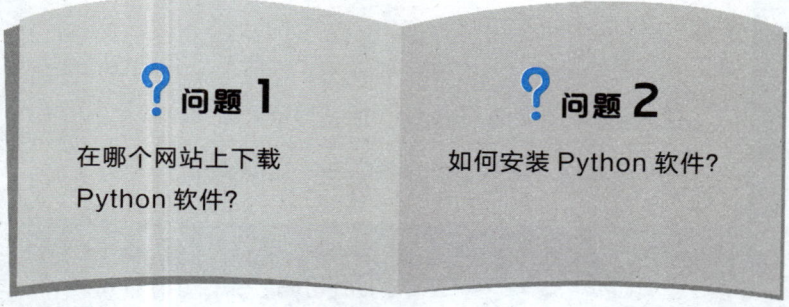

问题1 在哪个网站上下载 Python 软件?

问题2 如何安装 Python 软件?

1. 思路分析

跟其他程序设计语言一样，在应用之前需要先安装程序，并配置好环境变量。

2. 算法描述

下载与安装 Python 软件的一般操作步骤如下图所示。

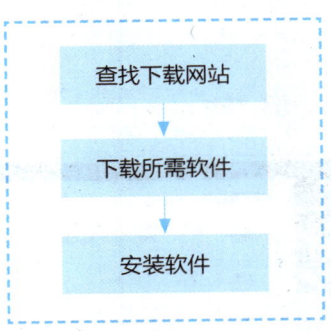

1. 下载与安装 Python

打开浏览器，以关键词"python 官网"搜索 Python 官方网站，也可以直接输入网址打开 Python 官方网站，然后下载 Python 软件。

（1）打开 Python 官方网站 打开浏览器，按下页图所示的操作，搜索并打开 Python 官方网站。

（2）下载 Python 软件 在 Python 官方网站的首页，按下页图所示的操作，下载安装程序。

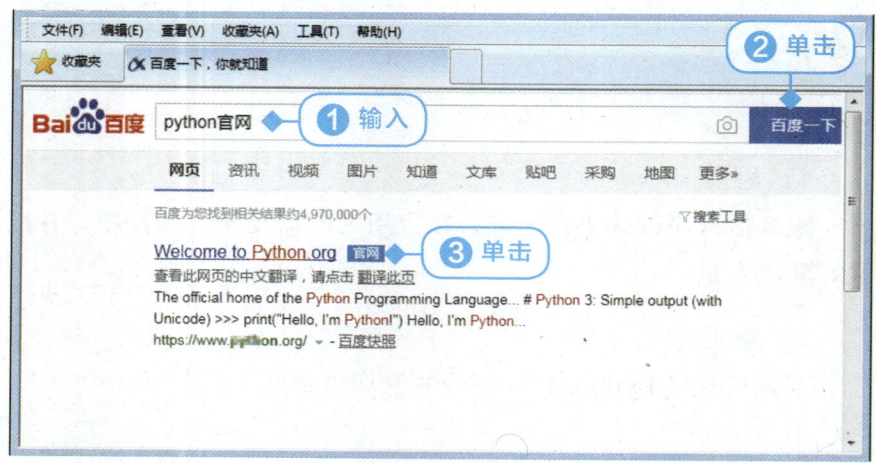

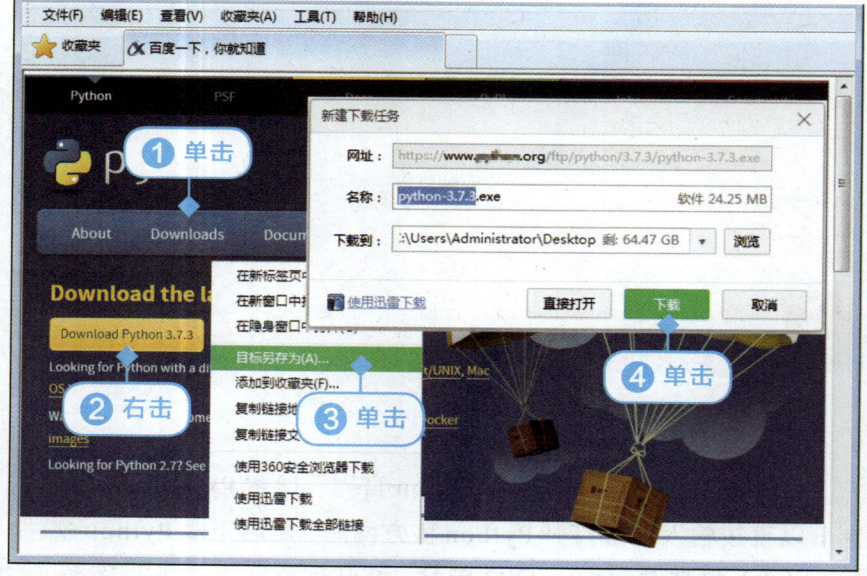

下载时要注意选择与自己的计算机操作系统相匹配的Python版本,这里以32位操作系统为例进行介绍。

(3)**安装Python软件** 双击下载好的Python-3.7.3.exe文件,按照提示安装Python软件。

（4）**查看安装结果** 安装结束后，可在"开始"菜单中查看Python软件。

（5）**认识单行编辑界面** 按下页图所示的操作，打开单行编辑界面，出现命令提示符">>>"，在这里一次只能输入一条Python指令。

（6）**认识多行程序编辑器** 选择"File"→"New File"命令，打开多行程序编辑器，在这里可以一次输入多条Python指令。保存后，系统可一次性执行指令。

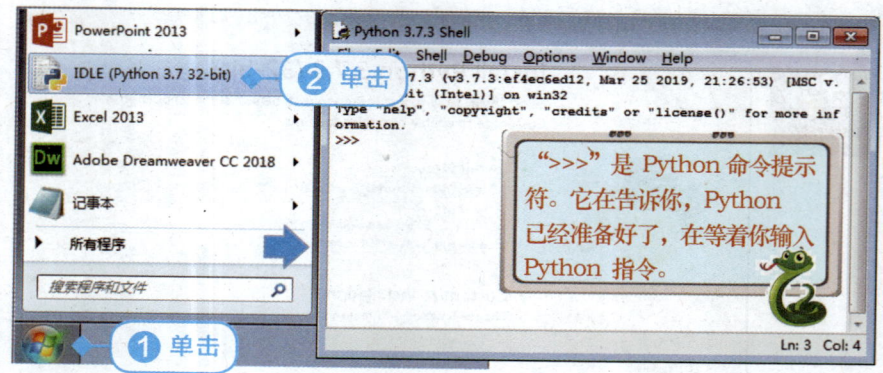

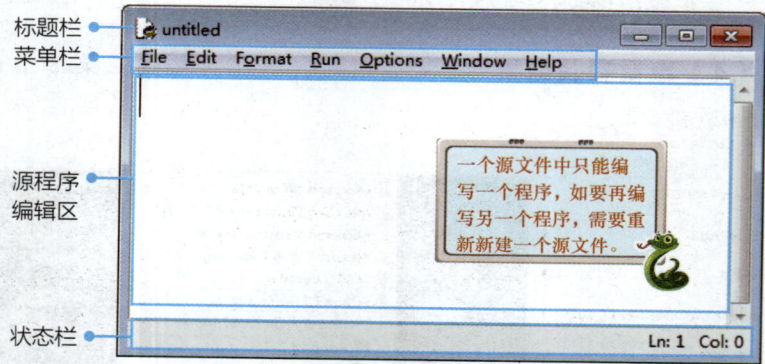

2. 创建与运行程序

（1）创建程序文件　按下图所示的操作，打开多行程序编辑器，输入程序代码。

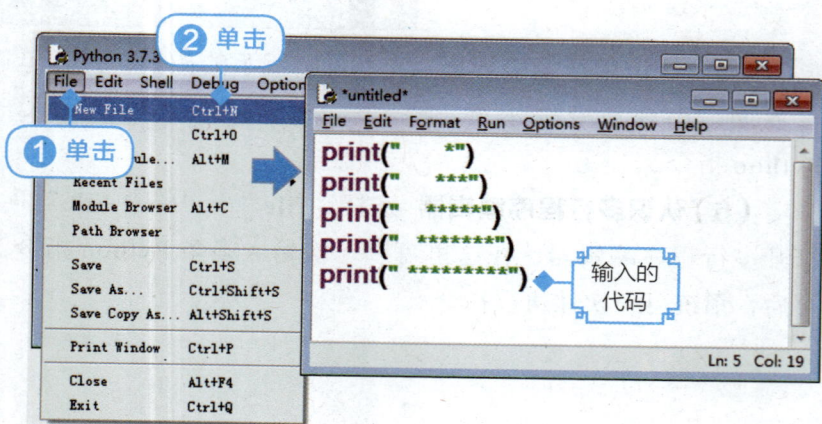

（2）**保存Python程序文件** 输入完程序代码后，按下图所示的操作保存文件。

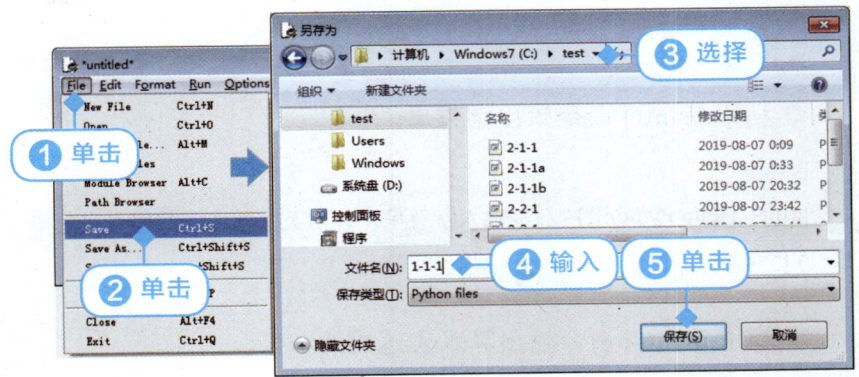

（3）**运行程序** 按下图所示的操作运行程序，查看程序的运行结果。

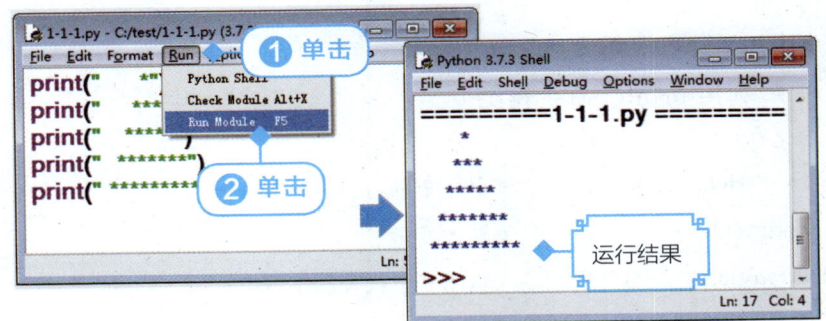

3. 答疑解惑

（1）**print** 意为打印、印刷、发表，程序设计语言中一般用print()命令将程序结果输出到某个设备。

（2）**print()** 在Python中，print()命令可以输出数值或者字符串。

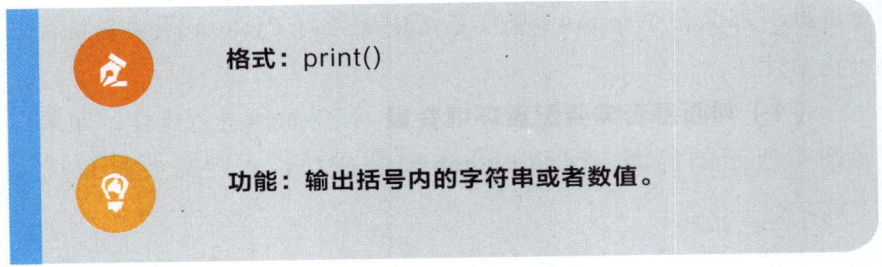

格式：print()

功能：输出括号内的字符串或者数值。

print 与( )之间可以加空格，如 print ( )；也可以不加空格，如 print( )。二者输出的结果都是一样的，可根据个人编程习惯选用。

4. 拓展应用

● 利用 print() 命令输出字符串。

```
>>>print ("Hello Python!")    #输入字符串，并用英文状态下的引号引起来
Hello Python!                 # 输出结果
```

● 利用 print() 命令输出算术表达式的结果。

```
>>>print (123+321)    #输入算术表达式
444                   # 输出结果
```

● 利用 print() 命令输出变量。

```
>>>x =" Hello world! "    #定义变量
>>>print (x)              #输入变量
Hello world!              #输出变量代表的字符串
```

1. 配置 Python 环境变量

安装 Python 时，如果没有勾选"Add Python 3.7 to PATH"复选框，那么在 Windows 操作系统中配置好 Python 环境变量后也可正常使用。

（1）判断是否需要配置环境变量 按下页图进行操作，如果出现图中所示的界面，说明 Python 安装成功，否则需要配置环境变量。

（2）查找安装目录 按下图所示的操作，查找并复制 Python 安装目录。

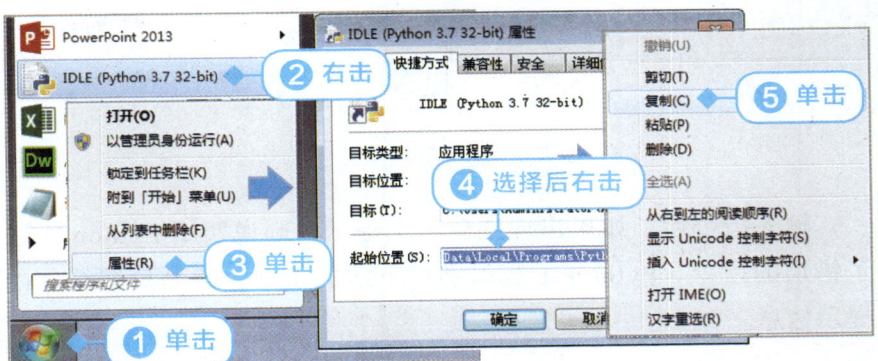

（3）打开"高级系统设置"窗口 按下图所示的操作，打开计算机的"高级系统设置"窗口。

（4）配置环境变量 按下图所示的操作，将复制的 Python 安装目录粘贴到"变量值"文本框中。

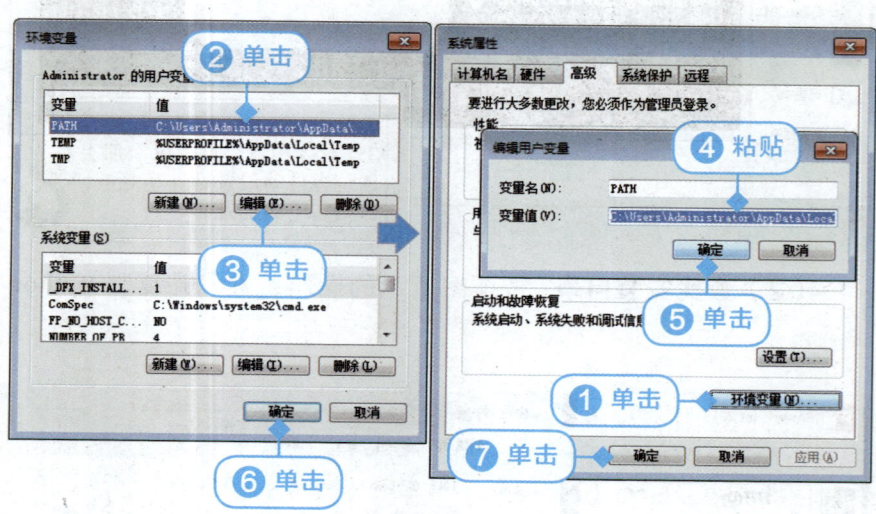

2. 调试程序

输入指令后，如果出现红色英文提示，则说明给 Python 下达了错误的指令，Python 不能识别你下达的指令，这是反馈给你的提示信息。

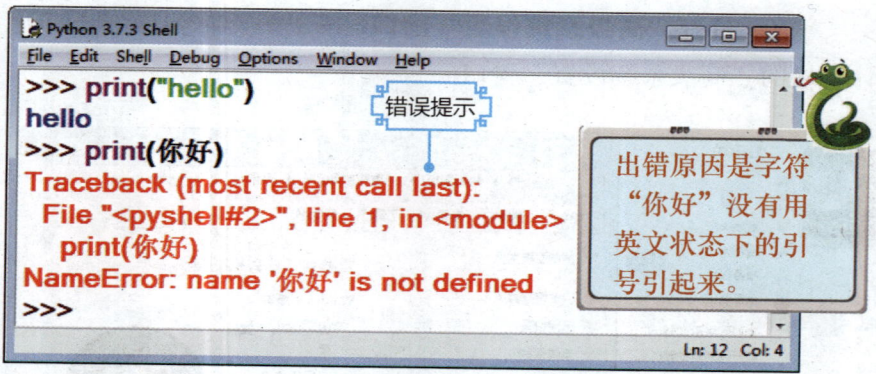

1. 阅读程序写结果

\>>>print("3+5=",3+5)

输出结果：_____。

2. 编写程序

利用 print() 命令编写一段程序，输出下图所示的图案。

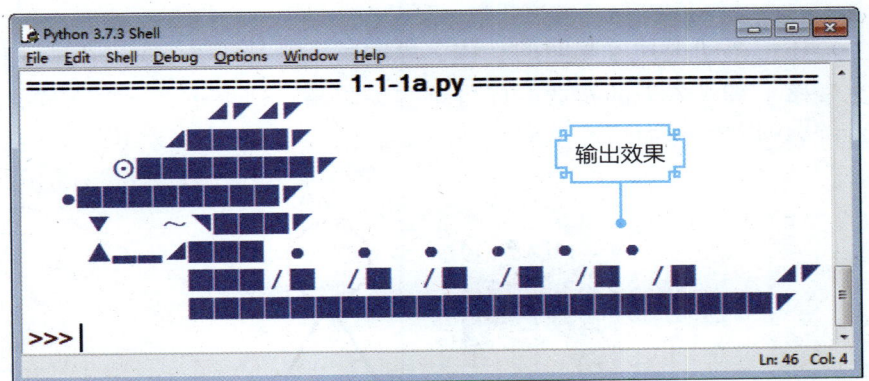

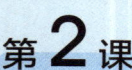

第 2 课

几何图形我会画
——设置小海龟属性

还记得动画片《聪明的一休》里的晴天娃娃吗？它是一种悬挂在屋檐上祈求晴天的布偶，任务是扫去阴霾，迎来晴天。怎么样，很可爱吧？让我们指挥小海龟画一个吧！

1. 理解题意

本课案例由两个几何图形组成：一个圆形、一个等边三角形。将这两个图形拼接在一起，就组成了可爱的晴天娃娃。

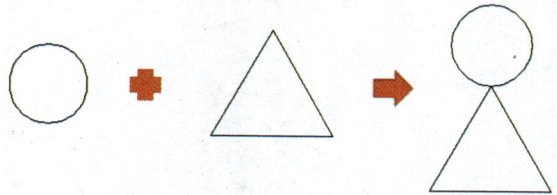

2. 开动脑筋

仔细观察上页图，我们需要指挥小海龟绘制出两个几何图形。那么小海龟应从哪里出发，先绘制哪个图形呢？请开动脑筋，思考并回答下面的问题。

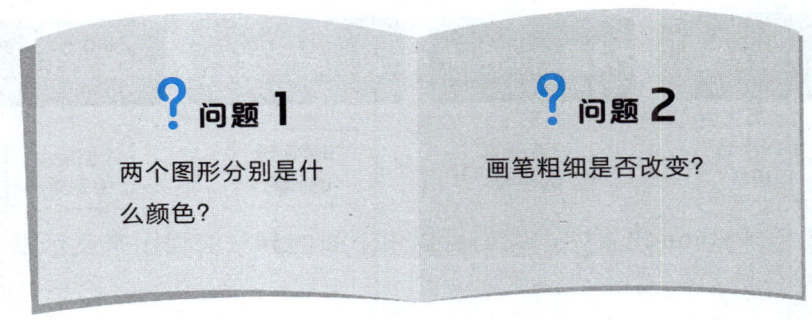

问题 1 两个图形分别是什么颜色？

问题 2 画笔粗细是否改变？

1. 思路分析

turtle 库是 Python 语言中用于绘制图形的函数库。调用它后就会出现一个小海龟，你可以指挥这只小海龟绘图。小海龟一开始在坐标系原点 (0, 0) 的位置，程序指令可以控制小海龟移动，让它在平面坐标系中绘制出图形。

通过对图形的分析，小海龟先从坐标系原点出发，沿逆时针方向绘制一个圆。接着小海龟改变前进方向和画笔颜色，再绘制一个等边三角形。我们需要对小海龟画圆的半径及三角形的边长、旋转的角度、画笔的颜色等参数进行分析，才能编写出具体的程序。

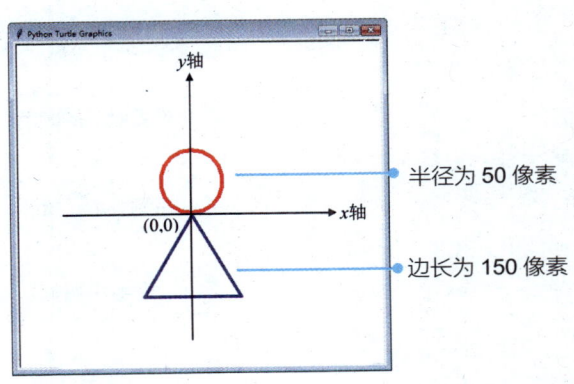

2. 算法描述

要想完成案例图形的绘制，首先要导入小海龟模块，然后设置画笔的粗细与画笔的颜色等参数，再编写程序代码，使小海龟绘制线条，最后组成图形。

在 Python 语言中，我们可以用下面的算法流程图来表示以上思路分析。

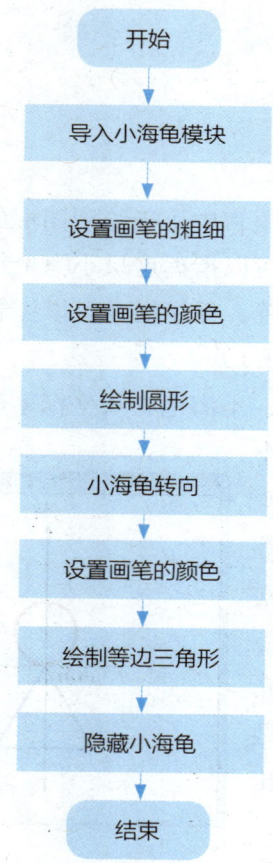

加工坊

1. 编程实现

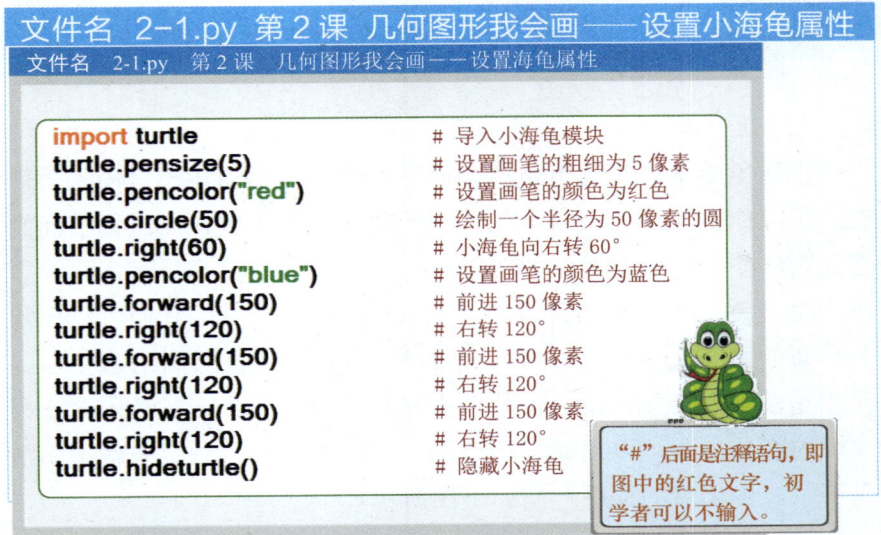

文件名 2-1.py 第2课 几何图形我会画——设置小海龟属性

```python
import turtle            # 导入小海龟模块
turtle.pensize(5)        # 设置画笔的粗细为5像素
turtle.pencolor("red")   # 设置画笔的颜色为红色
turtle.circle(50)        # 绘制一个半径为50像素的圆
turtle.right(60)         # 小海龟向右转60°
turtle.pencolor("blue")  # 设置画笔的颜色为蓝色
turtle.forward(150)      # 前进150像素
turtle.right(120)        # 右转120°
turtle.forward(150)      # 前进150像素
turtle.right(120)        # 右转120°
turtle.forward(150)      # 前进150像素
turtle.right(120)        # 右转120°
turtle.hideturtle()      # 隐藏小海龟
```

"#"后面是注释语句,即图中的红色文字,初学者可以不输入。

2. 测试程序

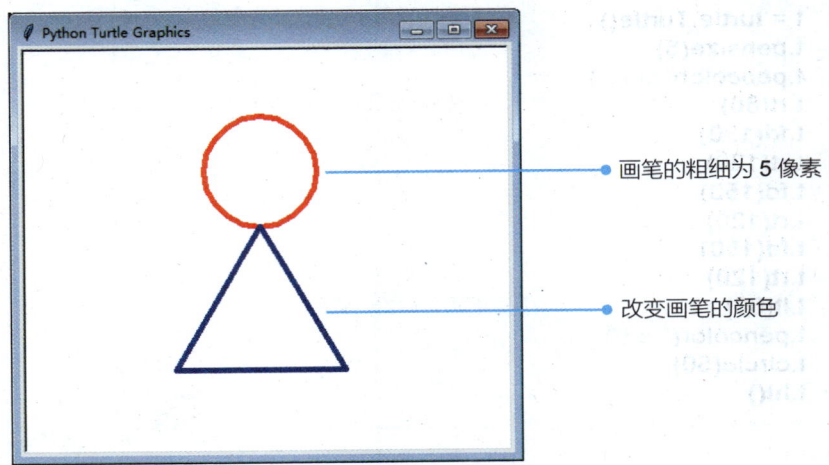

- 画笔的粗细为5像素
- 改变画笔的颜色

3. 答疑解惑

在程序中设置小海龟的属性参数时,要注意下图所示的易错点。

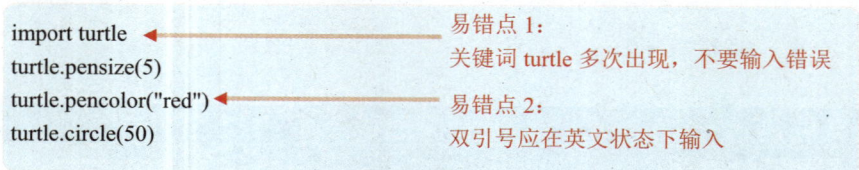

4. 优化程序

小海龟绘图没有规定路线,你可以按照自己的作图习惯来指挥它。所以你也可以让小海龟先转向绘制等边三角形,然后再转向画圆,同样能绘制出本案例的图形。

为避免多次出现的特定关键词 turtle 输入出错,我们可以创建一个新的画布,并定义小海龟的小名为 t。这样在后面的语句中,就不用反复输入 turtle,而可以直接用 t 来代替了。加之 turtle 模块中的部分指令可以用简写的形式,这样程序代码看上去就更简洁明了了。优化后的程序代码如下图所示。

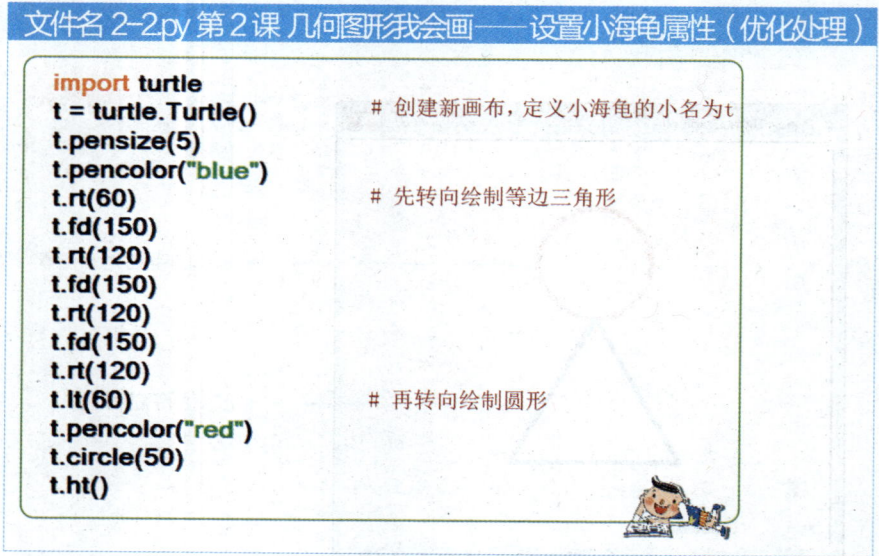

1. turtle 小海龟绘图模块

在 Python 语言中，可以调用 turtle 模块快速绘制出图形。根据函数指令的控制，小海龟从一个横轴为 x 轴、纵轴为 y 轴的坐标系原点——(0,0) 的位置开始，在这个平面坐标系中移动，它爬行的路径即绘制的图形。

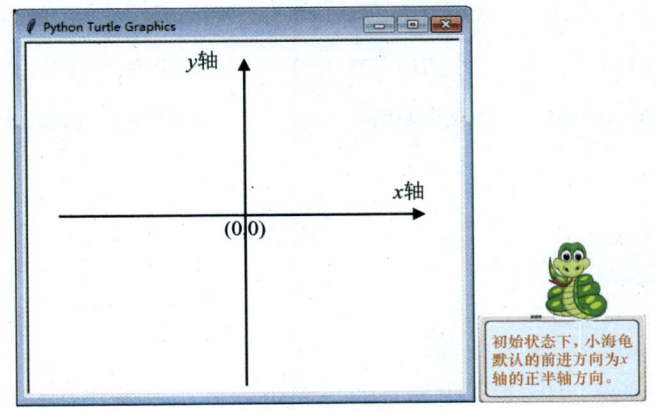

初始状态下，小海龟默认的前进方向为 x 轴的正半轴方向。

2. turtle 小海龟模块指令

Python 小海龟模块提供了很多指令，这些指令的作用与其名字的意思基本相同，跟 Logo 语言中的小海龟模块指令非常相似，所以很好理解。常用的 Python 小海龟模块指令及其作用如下表所示。

指令	作用	附注
import turtle	导入 turtle 模块	调用 turtle 函数库
turtle.pensize(5)	设置画笔的粗细为 5 像素	参数的数值越大，画笔越粗
turtle.pencolor ("red")	设置画笔的颜色为红色	参数可以为颜色名，如 "green"；也可以为颜色代码，如 "#FFFFFF"

续表

指令	作用	附注
turtle.circle(100)	让小海龟画一个半径为100像素的圆	参数为绘制的圆的半径
turtle.forward(100)	让小海龟往前移动100像素	可以简写为 turtle.fd(100)
turtle.backward(100)	让小海龟往后移动100像素	可以简写为 turtle.bk(100)
turtle.right(120)	让小海龟右转120°	可以简写为 turtle.rt(120)
turtle.left(120)	让小海龟左转120°	可以简写为 turtle.lt(120)
turtle.hideturtle()	隐藏小海龟	可以简写为 turtle.ht()

创新园

1. 阅读程序写结果

根据所给的程序，在下方的平面坐标系中绘制出相应的图形。

```
import turtle
t = turtle.Turtle()
t.pensize(6)
t.pencolor("yellow")
t.fd(100)
t.rt(90)
t.fd(100)
t.rt(90)
t.fd(100)
t.rt(90)
t.fd(100)
t.rt(90)
t.ht()
```

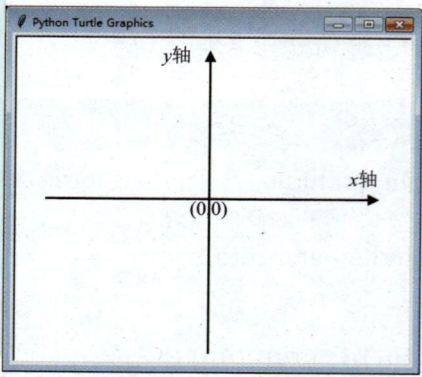

2. 修改程序

下图所示为绘制一个五角星的程序,其中标号处有错误,请改正。

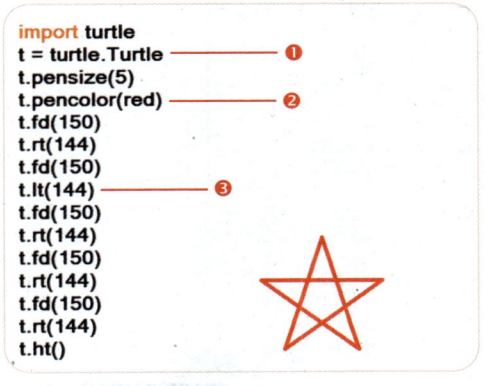

正确代码:❶_____ ❷_____ ❸_____

第 3 课

图文并茂也不难
——设置小海龟动作

同学们，日常生活中你们注意过各类指示牌吗？商场内的禁止吸烟标志、繁忙路段的禁止停车标志、高速公路上的限速标志……小小指示牌，已经融入生活中的各个角落，处处发挥着它们的重要作用。Python 中的小海龟不仅擅长绘制各种图案，在图文编排上也很专业。一起来指挥小海龟绘制"禁止泊车"指示牌吧！

1. 理解题意

本课案例由 4 个部分组成，分别是一个圆环、一个大写的英文字母"P"、一个代表禁止的"\"和"禁止泊车"4 个汉字。

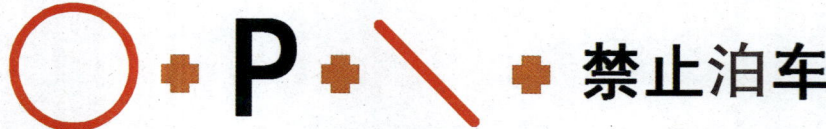

2. 开动脑筋

本案例要求我们指挥小海龟绘制出图文并茂的指示牌,那么小海龟应先从哪个部分开始绘制,又应该怎样去绘制呢?请开动脑筋,思考并回答下面的问题。

问题1
圆环是怎样绘制的?

问题2
图文的叠放是怎样做到的?

问题3
小海龟是怎样隐藏运动轨迹的?

1. 思路分析

通过对案例的分析,我们首先要设置小海龟画笔的粗细,沿逆时针方向绘制一个圆环。接下来需要改变3次画笔的颜色及坐标,依次绘制出大写英文字母"P"、符号"\"及汉字"禁止泊车"。要合理安排好4个部分的先后顺序,以达到图文的叠放效果。

本案例最重要的是在绘制4个部分的过程中,控制好小海龟的运动轨迹,在需要的时候显示路线,在不需要的时候隐藏路线,并结合坐标系对小海龟每次的绘制起点进行分析。这样才能编写出具体的程序。

小海龟每次绘制起点不是一成不变的,我们可以根据美工设计的需要,调整小海龟的绘制起点。

2. 算法描述

要想完成案例图形的绘制，要先设置小海龟画笔的粗细与画笔的颜色等参数，然后通过控制运动轨迹，改变画笔的坐标，最后绘制出相应的图文内容。

在 Python 语言中，我们可以用下面的算法流程图来表示以上的思路分析。

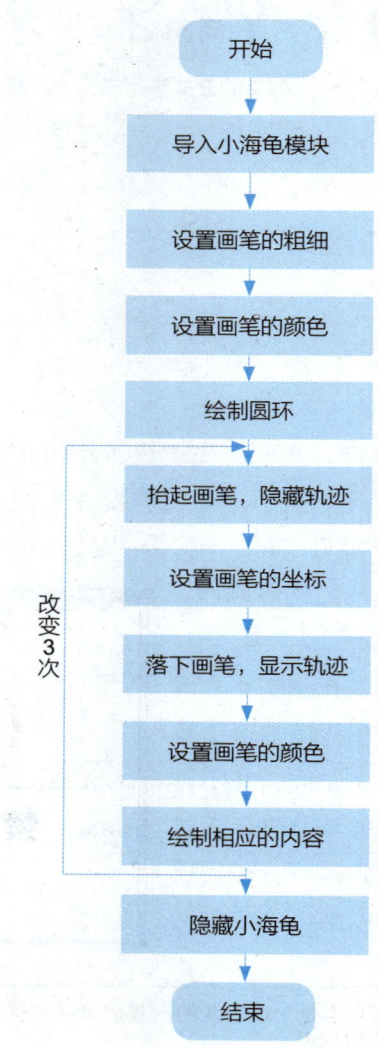

加工坊

1. 编程实现

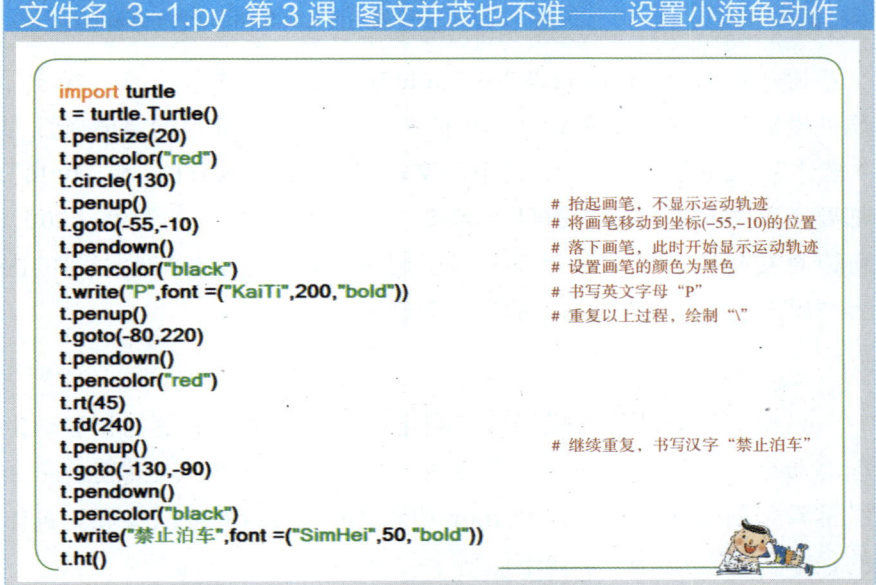

文件名 3-1.py 第3课 图文并茂也不难——设置小海龟动作

```python
import turtle
t = turtle.Turtle()
t.pensize(20)
t.pencolor("red")
t.circle(130)
t.penup()                                    # 抬起画笔，不显示运动轨迹
t.goto(-55,-10)                              # 将画笔移动到坐标(-55,-10)的位置
t.pendown()                                  # 落下画笔，此时开始显示运动轨迹
t.pencolor("black")                          # 设置画笔的颜色为黑色
t.write("P",font =("KaiTi",200,"bold"))      # 书写英文字母"P"
t.penup()                                    # 重复以上过程，绘制"\"
t.goto(-80,220)
t.pendown()
t.pencolor("red")
t.rt(45)
t.fd(240)
t.penup()                                    # 继续重复，书写汉字"禁止泊车"
t.goto(-130,-90)
t.pendown()
t.pencolor("black")
t.write("禁止泊车",font =("SimHei",50,"bold"))
t.ht()
```

2. 测试程序

- 设置画笔的粗细
- 控制运动轨迹
- 改变画笔的坐标

3. 答疑解惑

在程序中设置小海龟的状态参数时，要注意下页图所示的易错点。

```
t.penup()
t.goto(-55,-10)
t.pendown()
t.pencolor("black")
t.write("P",font =("KaiTi",200,"bold"))
```

易错点1：
penup()抬笔命令中的()不能丢，且该命令需要与pendown()落笔命令配对使用

易错点2：
书写的内容，如字母"P"，需要用英文状态下的双引号引起来

语句中 font =("KaiTi",200,"bold") 命令是对要书写的内容进行属性设置。例如，设置案例中要书写的英文字母"P"的字体属性为"楷体""200""加粗"，其中用字符串表示的"KaiTi"和"bold"都要用英文状态下的双引号引起来；而作为"字号"的数值"200"可以直接输入，不需要用双引号引起来。font() 命令与要书写的内容"P"之间用英文状态下的逗号隔开。

4. 优化程序

只要把握好准确的坐标值，利用小海龟的抬笔、落笔和移动坐标等命令，就可以轻松绘制出不同的指示牌。例如，在高速公路上经常看到的限速标志，在 Python 中用 16 行代码就可以实现。具体的程序代码及运行结果如下图所示。

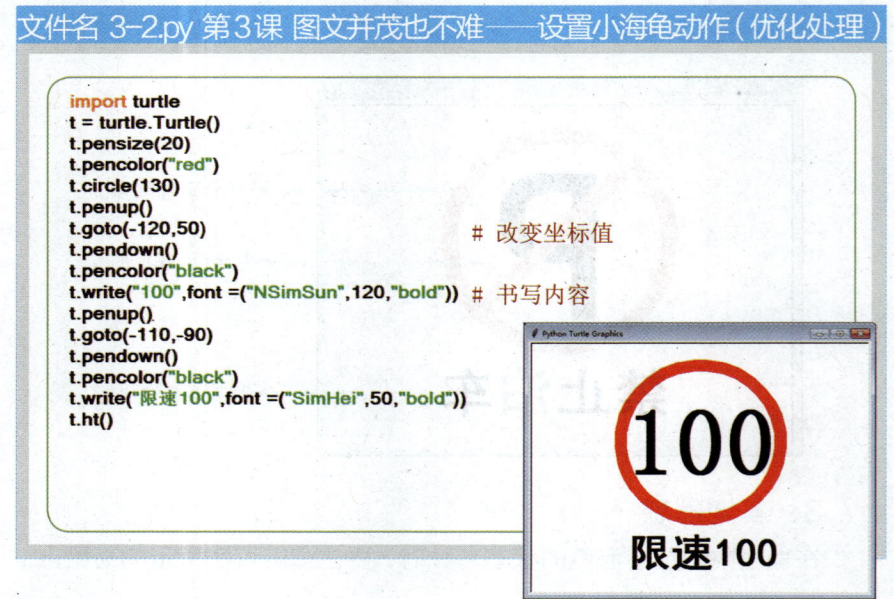

文件名 3-2.py 第3课 图文并茂也不难——设置小海龟动作（优化处理）

阅览室

1. turtle 小海龟模块指令

指挥小海龟进行绘图的指令有很多,上一课中详细介绍了小海龟的属性设置指令,本课则着重介绍小海龟的运动状态指令。常用的运动状态指令及其作用如下表所示。

指令	作用	附注
turtle.penup()	抬起画笔,不显示运动轨迹	移动画笔也不会绘制,可以简写为 turtle.up()
turtle.pendown()	落下画笔,此时开始显示运动轨迹	不设置参数时也会绘制,可以简写为 turtle.down()
turtle.goto(x,y)	将画笔移动到坐标为 (x,y) 的位置	在坐标为 (x,y) 的位置开始绘制
turtle.write()	书写一个文本字符串	书写的内容需要用英文半角状态下的双引号引起来

2. 常用字体的中英文对照表

利用 turtle.write() 命令书写文本字符串时,经常需要设置文本字符串的字体,但 turtle 模块只能识别字体的英文名称。为了使绘制效果更加美观,现提供 Windows 操作系统中常用的字体的中英文对照表,以供读者在绘图时参考。

中文名称	英文对照
宋体	SimSun
新宋体	NSimSun
黑体	SimHei
仿宋_GB2312	FangSong_GB2312
楷体_GB2312	KaiTi_GB2312
微软正黑体	Microsoft JhengHei
微软雅黑体	Microsoft YaHei
隶书	LiSu
幼圆	YouYuan
华文彩云	STCaiyun

续表

中文名称	英文对照
华文琥珀	STHupo
华文行楷	STXingkai
华文新魏	STXinwei

1. 完善程序

根据下图所示的图形，请补充下面程序中的下画线处的代码，完善程序。

```
import turtle
t = turtle.Turtle()
t.pensize(2)
t.lt(45)
t.fd(100)
t.rt(135)
t.fd(141.4)
t.rt(135)
t.fd(100)
t.rt(135)
❶_____
_____❷(70.7,0)
            ❸
t.lt(45)
t.fd(60)
t.rt(135)
t.fd(84.8)
t.rt(135)
t.fd(60)
t.rt(135)
t.penup()
t.goto(20,-5)
t.pendown()
t.pensize(4)
t.circle(5)
t.ht()
```

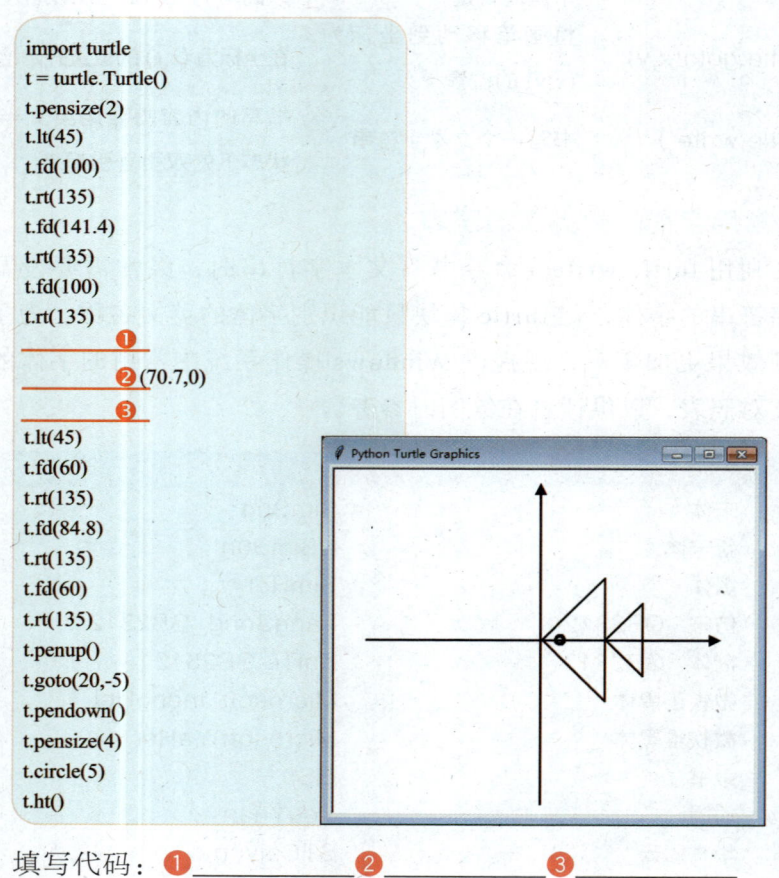

填写代码：❶_____ ❷_____ ❸_____

2. 改写程序

若想让下图所示的小鱼再吐出 2 个泡泡,应在上题程序代码段中添加代码:_____。

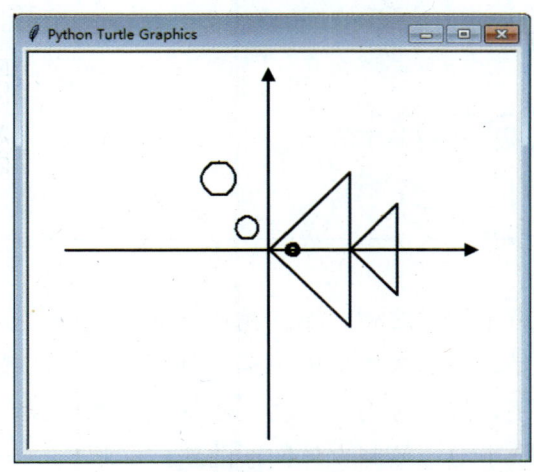

第 4 课

创意绘画添精彩
——应用填充色

扫一扫，看视频

金字塔建造于沙漠之中，结构精巧，外形宏伟，是古埃及高度文明的象征，是人类悠久历史的见证。其因独特的四棱锥构造酷似汉字的"金"字，故被称为金字塔。本课就让我们以探索金字塔结构为契机，解锁小海龟绘制立体图形的新技能吧！

1. 理解题意

本课案例是一个立体图形，需要读者有一定的空间思维能力，在绘制前应仔细分析四棱锥由几个面组成。

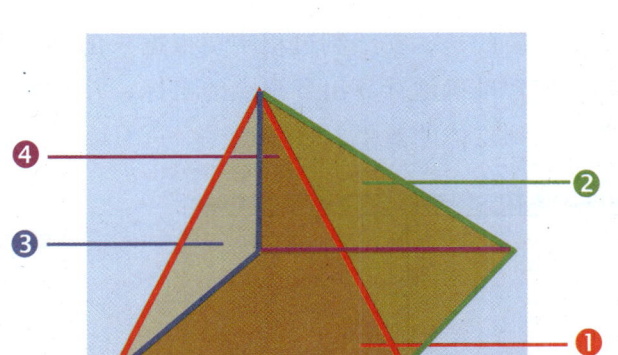

2. 开动脑筋

仔细观察案例，我们需要指挥小海龟绘制出 4 个三角形从而组成一个四棱锥。最下面的四边形由 4 个三角形的底边组成，所以不需要绘制。那么小海龟应从哪里出发，需要绘制哪几种三角形呢？请开动脑筋，思考并回答下面的问题。

问题 1 需要绘制哪几种三角形？

问题 2 在设置三角形顶点的坐标时，用到了三角形的什么定理？

问题 3 如何填充三角形的颜色以达到立体的效果？

1. 思路分析

通过对案例的分析，我们首先要设定好小海龟的起点位置，再依次绘制出标记为红色的等边三角形、标记为绿色的等腰三角形、标记为蓝色的直角三角形和标记为紫色的直角三角形。重复的边则可以抬起画笔，不显示小海龟的运动轨迹。

本案例最重要的是，在绘制过程中要根据三角形的边长，利用三角形的勾股定理准确地计算出各顶点的坐标，并对各三角形填充相应的颜色以达到立体的效果。

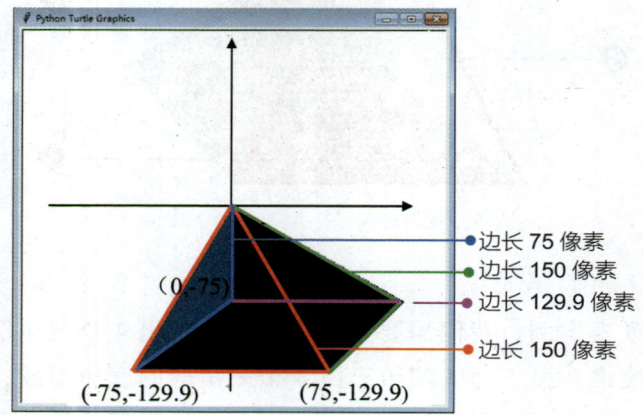

2．算法描述

要想完成案例图形的绘制，要先设置画布的大小和背景颜色，再改变画笔的颜色，根据各顶点的坐标绘制出相应的三角形，最后对三角形进行颜色填充。

在 Python 语言中，我们可以用右边的算法流程图来表示以上的思路分析。

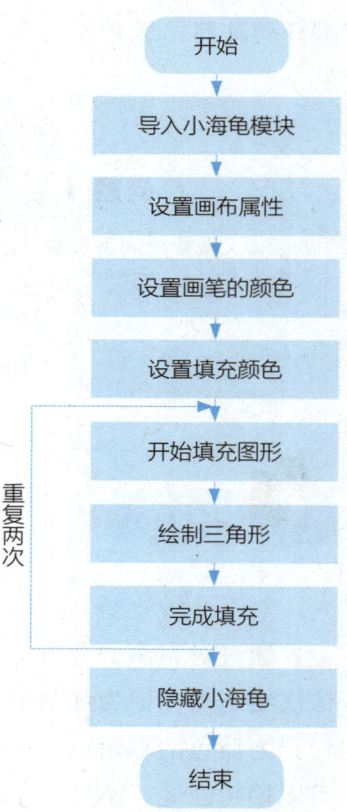

加工坊

1. 编程实现

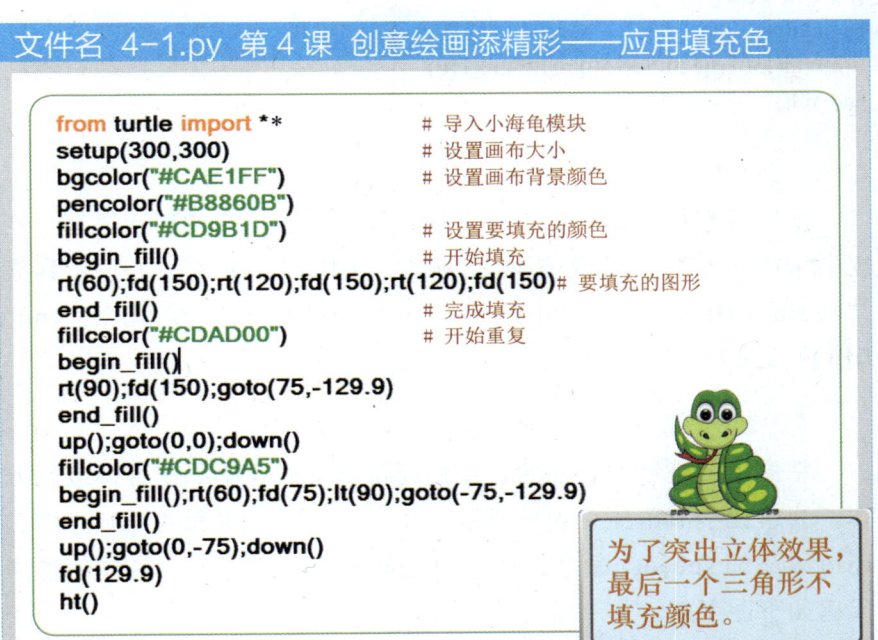

文件名 4-1.py 第4课 创意绘画添精彩——应用填充色

```
from turtle import **                # 导入小海龟模块
setup(300,300)                       # 设置画布大小
bgcolor("#CAE1FF")                   # 设置画布背景颜色
pencolor("#B8860B")
fillcolor("#CD9B1D")                 # 设置要填充的颜色
begin_fill()                         # 开始填充
rt(60);fd(150);rt(120);fd(150);rt(120);fd(150) # 要填充的图形
end_fill()                           # 完成填充
fillcolor("#CDAD00")                 # 开始重复
begin_fill()
rt(90);fd(150);goto(75,-129.9)
end_fill()
up();goto(0,0);down()
fillcolor("#CDC9A5")
begin_fill();rt(60);fd(75);lt(90);goto(-75,-129.9)
end_fill()
up();goto(0,-75);down()
fd(129.9)
ht()
```

为了突出立体效果，最后一个三角形不填充颜色。

2. 测试程序

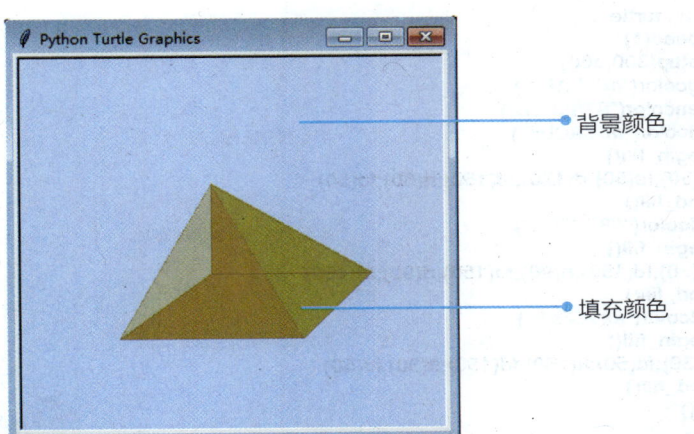

背景颜色

填充颜色

031

3. 答疑解惑

在程序中设置三角形填充颜色的参数时，要注意下图所示的易错点。

```
fillcolor("#CD9B1D")        ← 易错点1：
begin_fill()                   颜色代码前需要加#，并且整体
rt(60);fd(150);rt(120);fd(150);rt(120);fd(150)   作为字符串用""引起来
end_fill()                  ← 易错点2：
                               并写语句需要用英文状态下的分
                               号隔开
```

仔细观察程序，我们不难发现，设置颜色填充的语句是有一定规律的，一般按照设置填充颜色"fillcolor()" → 开始填充"begin_fill()" → 绘制需要填充的图形 → 完成填充"end_fill()"这样的过程进行。

4. 优化程序

掌握了四棱锥的画法后，我们还可以尝试绘制出正方体或长方体。为了让小海龟更直观地显示立体图形中每个平面的绘制过程，还可以添加speed()命令，让小海龟放慢移动的速度，具体的程序代码如下图所示。

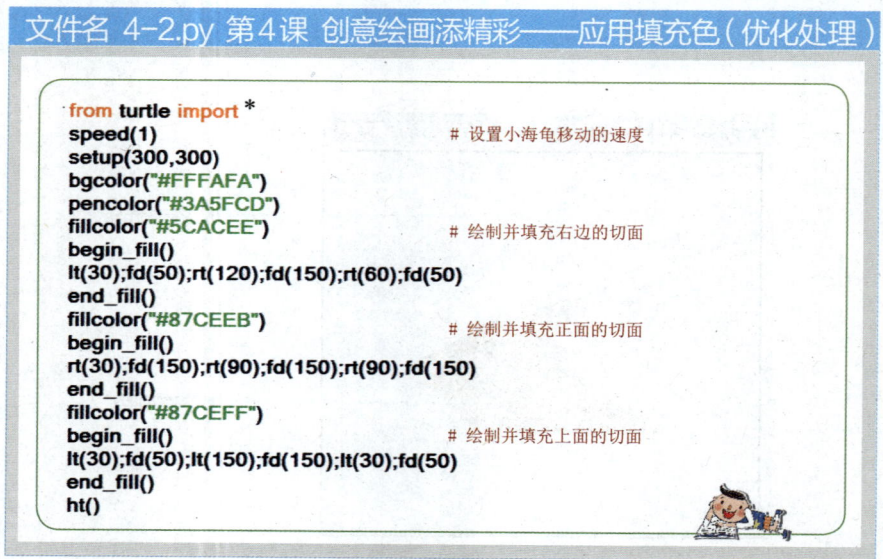

文件名 4-2.py 第4课 创意绘画添精彩——应用填充色（优化处理）

```
from turtle import *
speed(1)                                    # 设置小海龟移动的速度
setup(300,300)
bgcolor("#FFFAFA")
pencolor("#3A5FCD")
fillcolor("#5CACEE")                        # 绘制并填充右边的切面
begin_fill()
lt(30);fd(50);rt(120);fd(150);rt(60);fd(50)
end_fill()
fillcolor("#87CEEB")                        # 绘制并填充正面的切面
begin_fill()
rt(30);fd(150);rt(90);fd(150);rt(90);fd(150)
end_fill()
fillcolor("#87CEFF")                        # 绘制并填充上面的切面
begin_fill()
lt(30);fd(50);lt(150);fd(150);lt(30);fd(50)
end_fill()
ht()
```

程序运行结果如下图所示。

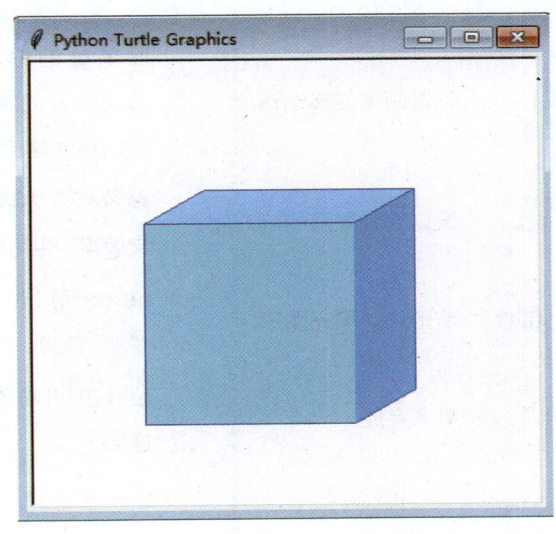

1. turtle 小海龟模块指令

通过绘制立体图形，我们又学习到了一些新的小海龟操作指令，快来记录吧！常用的指令及作用如下表所示。

指令	作用	附注
turtle.setup()	设置画布大小。width, height：当输入的宽和高的值为整数时，表示像素。startx,starty：表示矩形窗口左顶点的坐标，如果该参数为空，表示窗口位于屏幕中心	turtle.setup (width=0.5, height=0.75, startx=None, starty=None)
turtle.bgcolor()	设置画布的背景颜色	参数可以为表示颜色的英文单词，也可以为颜色代码

续表

指令	作用	附注
turtle.speed()	设置画笔的移动速度	画笔绘制的速度范围为[0, ∞)的整数，数值越大，移动速度越快
turtle.fillcolor()	设置绘制图形的填充颜色	参数可以为表示颜色的英文单词，也可以为颜色代码
turtle.begin_fill()	准备开始填充图形	begin和fill间用下画线"_"连接
turtle.end_fill()	填充完成	end和fill间用下画线"_"连接

2. RGB 色彩拾取器

当现有表示颜色的命令已经不能准确表达我们所需的颜色时，可以使用 RGB 色彩拾取器。RGB 色彩拾取器是一款方便直观的按色相拾取颜色的工具，每一个颜色代码由"#"以及 6 个字符组成。先在垂直的颜色条上单击选择出大致的色块，然后在左边的颜色区域中选取所要呈现的颜色；也可以在"插入您的色彩代码"文本框中输入颜色代码，调配出特有的颜色。

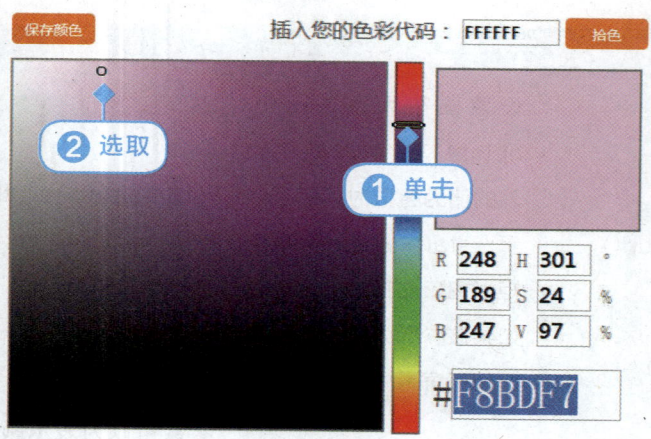

# 创新园

1. 完善程序

请在下面程序中的下画线处填写正确的内容,完善程序,绘制一个红色的五角星。

2. 编写程序

根据所给的图形,编写相应的程序,并填写在右边的蓝色文本框中。

(思考:小海龟从哪里出发,绘制过程最为简单?)

第 2 单元　数学课堂

在数学课堂中,我们将数学知识与信息技术相融合,借助 Python 语言编写程序,掌握计算机编程中最基础的顺序结构、选择结构与循环结构。在学习数学的过程中,尝试用程序来解决实际问题。

学习内容

- 第 5 课　图形面积容易算——顺序结构
- 第 6 课　判断在第几象限——选择结构
- 第 7 课　高斯求和咱也会——for 循环
- 第 8 课　妙算最大公约数——while 循环

第 5 课

图形面积容易算
——顺序结构

在初中数学几何类题目中，常需要计算图形的面积。求解图形面积的题目主要包含两类图形：一类是基本图形，另一类是不规则图形。我们除了可以使用数学方法来计算图形的面积外，还可以利用 Python 语言编写程序快速、轻松计算图形的面积。下图所示为一块由许多扇形和不规则图形组成的瓷砖，只要知道扇形半径 r 的具体值，就可以求出对应的蓝色部分图形的面积。怎么样？很神奇吧，我们快来学习吧！

求蓝色部分面积

1. 理解题意

本例所要求解的蓝色部分是不规则的图形,无法直接求解,但可以采取移动、拼接、割补等方法将该图形转化为基本图形,再根据基本图形面积的和、差关系,就可以求出面积了。

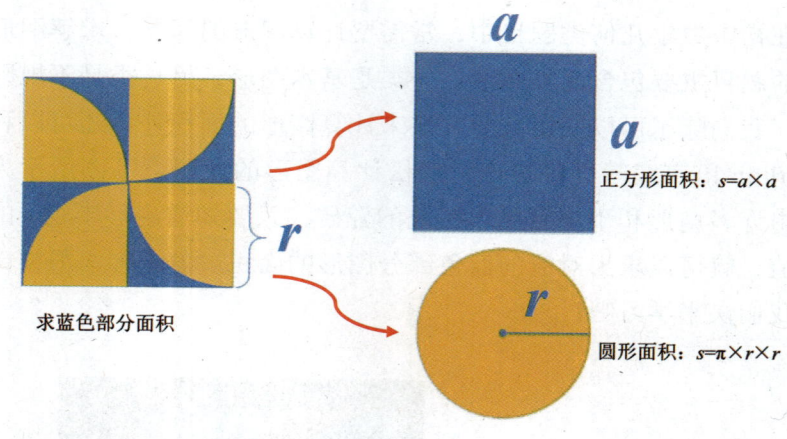

正方形面积:$s=a\times a$

圆形面积:$s=\pi\times r\times r$

2. 开动脑筋

本课案例中,需要求解蓝色部分的面积,但蓝色部分的图形是不规则的几何图形,如何求解这种不规则图形的面积呢?请开动脑筋,思考并回答下面的问题。

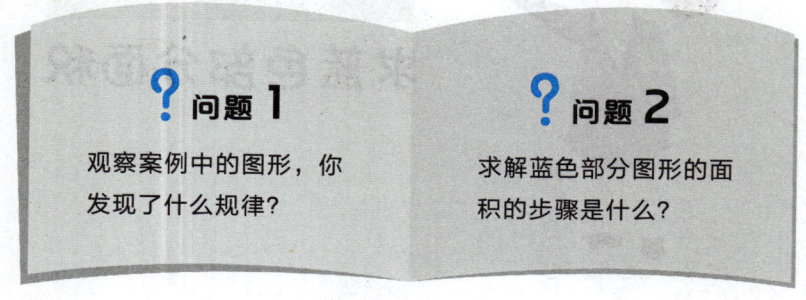

问题1 观察案例中的图形,你发现了什么规律?

问题2 求解蓝色部分图形的面积的步骤是什么?

1. 思路分析

对于本课案例的不规则图形面积的求解，需掌握初中几何图形面积求解过程中的两种常用方法：一种是重新组合法，另一种是相减法。

重新组合法，即将不规则图形拆开，重新组合成一个新的图形，再设法求出这个新图形的面积。例如，下图中，图1经过3次变化为图4，此时要求蓝色部分图形的面积，只需先求出正方形面积和圆面积，然后两者相减即可。

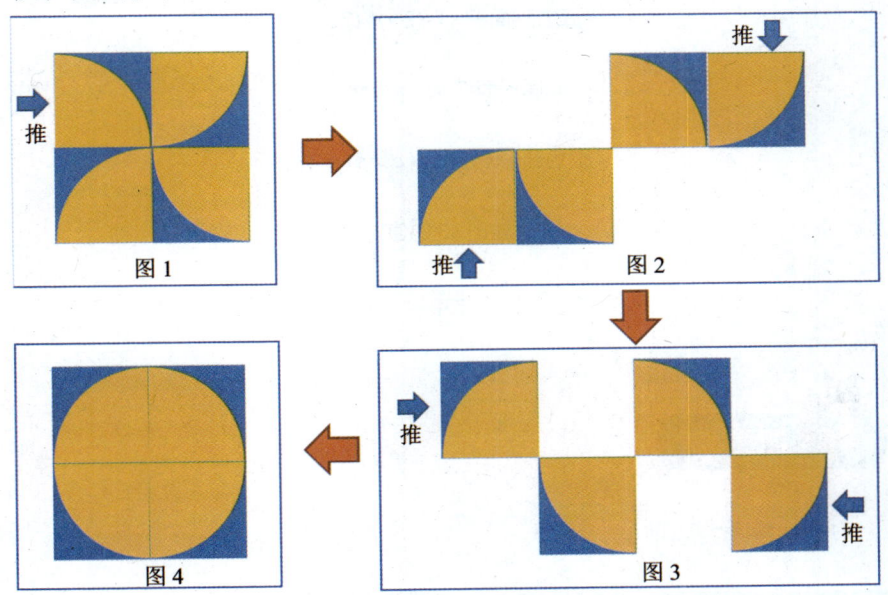

2. 算法描述

根据上述思路分析，求解步骤如下。

第1步：输入半径 r 的值。

第2步：求出正方形的面积。由题意可知正方形的面积计算表达式为 $s1=(2*r)*(2*r)$。

第3步：求出圆形的面积。由题意可知圆形的面积计算表达式为 $s2=π*r*r$。

第 4 步：使用相减法求出蓝色部分图形的面积。由题意可知蓝色部分图形的面积计算表达式为 s3=s1-s2。

第 5 步：输出蓝色部分图形的面积 s3。

以上的求解过程是一步接着一步的，在计算机编程中，我们将这种按步骤执行的代码编写过程称为顺序结构。本案例的算法流程图如下图所示。

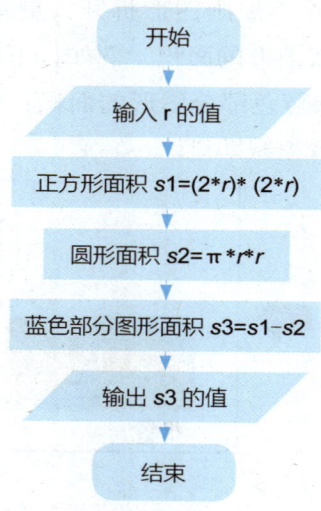

1. 编程实现

文件名 5-1.py　第 5 课　图形面积容易算——顺序结构

```
r=int(input('请输入r的值：'))      # 输入 r 的数值
s1 =(2*r)* (2*r)                  # 求正方形的面积
s2=3.14*r*r                       # 求圆形的面积
s3=s1-s2                          # 使用相减法求蓝色部分图形的面积
print('蓝色图形面积是:%6.2f'%s3)  # 输出蓝色部分图形面积 s3
```

2. 测试程序

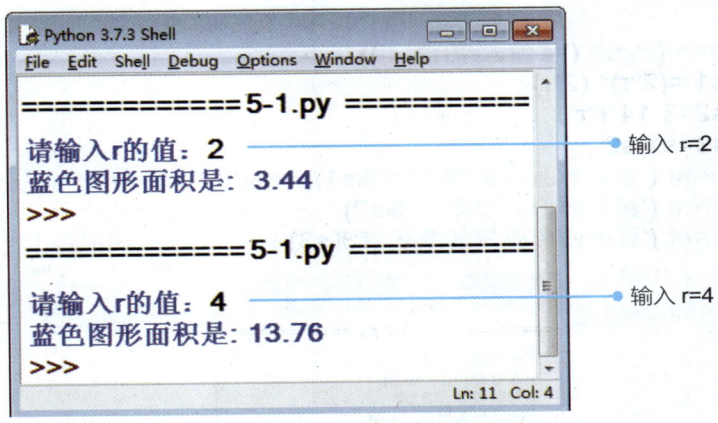

3. 答疑解惑

在编写程序过程中，在输入正方形的面积计算表达式与输出蓝色部分图形的面积的语句时，要注意下图所示的易错点。

```
r=int(input ('请输入 r 的值：'))
s1 =(2*r)* (2*r)
s2=3.14*r*r
s3=s1-s2
print ('蓝色图形面积是：%6.2f'%s3)
```

易错点 1：
容易写成 $s1 =(2r)* (2r)$

易错点 2：
%6.2f，中的%不要漏写

%6.2f 的作用是格式化输出 %s3，即按总长度为 6、保留 2 位小数的格式输出结果。

4. 优化程序

上述程序输出的只是 $s3$ 的结果，如果能分别输出过程中的正方形面积 $s1$ 与圆面积 $s2$，则更能体现编程求解的高效性。优化后的程序代码与运行效果如下页图所示。这种按照步骤求解的代码结构，就是顺序结构。编写的程序应条理清晰，便于理解。

文件名 5-2.py 第5课 图形面积容易算——顺序结构（优化处理）

```
r=int(input ('请输入r的值：'))
s1 =(2*r)* (2*r)
s2=3.14*r*r
s3=s1-s2
print ('正方形面积是:%6.2f'%s1)      # 输出正方形面积 s1
print ('圆形面积是:%6.2f'%s2)        # 输出圆形面积 s2
print ('蓝色图形面积是:%6.2f'%s3)    # 输出蓝色部分图形面积 s3
```

```
============ 5-2.py ============
请输入r的值：2
正方形面积是: 16.00
圆形面积是: 12.56
蓝色图形面积是: 3.44
>>>
```

阅览室

1. 算术运算符与表达式

算术运算符与表达式用于执行普通数学运算，Python 中的算术运算符和表达式与数学中的有相同之处，也有不同之处。下面以变量 *a* =6、变量 *b* = 3 为例，说明算术运算符和表达式的应用方法。

运算符	描述	运算符应用	表达式应用
+	加：两个对象相加	a+b 输出结果 9	b+=a 等效于 b=b+a
−	减：一个数减去另一个数	a−b 输出结果 3	b−=a 等效于 b=b−a
*	乘：两数相乘	a*b 输出结果 18	b*=a 等效于 b=b*a
/	除：两数相除	a/b 输出结果 2	b/=a 等效于 b=b/a
%	取模：返回余数	a %b 输出结果 0	b%=a 等效于 b=b%a
**	幂：返回 X 的 Y 次幂	a**b 输出结果 216	b**=a 等效于 b=b**a
//	取整除：返回商的整数部分	a//b 输出结果 2	b//=a 等效于 b=b//a

2. 将数学公式转换为程序表达式

用 Python 求解正方形、长方形、圆、三角形、平行四边形、梯形等图形的面积时,需将这些图形的面积计算公式转换成计算机能识别的表达式。

例如,将平行四边形与梯形的数学面积计算公式转换为计算机语言表达式,如下图所示。

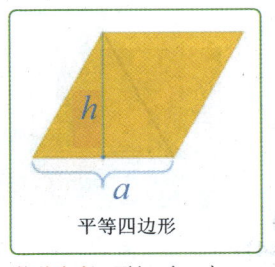

平等四边形

数学公式:面积=底×高
$S=a×h$

程序代码:s=a*h

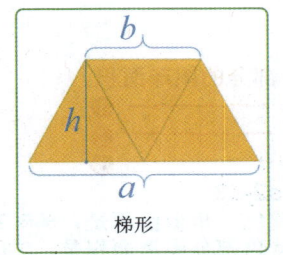

梯形

数学公式:面积=(上底+下底)×高÷2
$S=(a+b)×h÷2$

程序代码:s=(a+b)*h/2

3. 求解不规则图形

对手一些不规则图形,可以采取割补、剪拼等方法将它们转化为基本图形的和、差关系,从而求解出面积。

名称	计算思维	案例图形	计算机面积表达式
相加法	将不规则图形分解成几个基本规则的图形,分别计算面积		s1=π*r*r/2 s2=2*r*h s3=s1+s2
相减法	将不规则图形看成若干个基本规则图形的面积之差		s1=a*a s2=π*r*r s3=s1−s2
割补法	把原图形的一部分切割下来,补在图形中的另一部分,使之成为基本规则图形,从而解决问题		s1=r*r s2=r*r/2 s3=s1−s2

 创新园

1. 修改程序

下图所示的程序用于求除黄色三角形以外的蓝色部分的图形面积，其中标号处有错误，请改正。

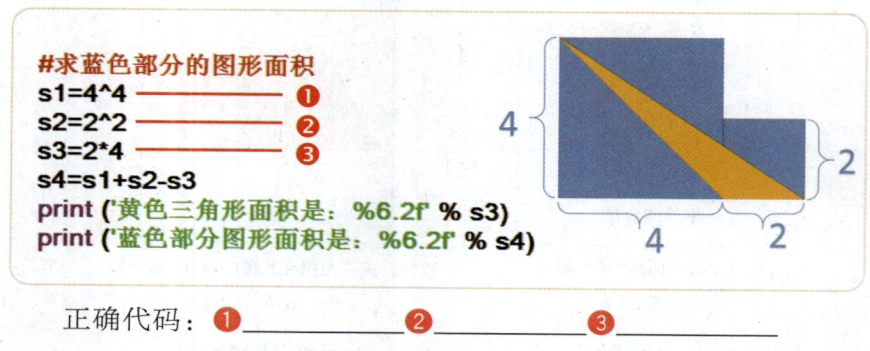

正确代码：❶_____ ❷_____ ❸_____

2. 完善程序

下图所示的程序用于求蓝色部分的图形面积，请在下画线处填写正确的内容，完善程序。

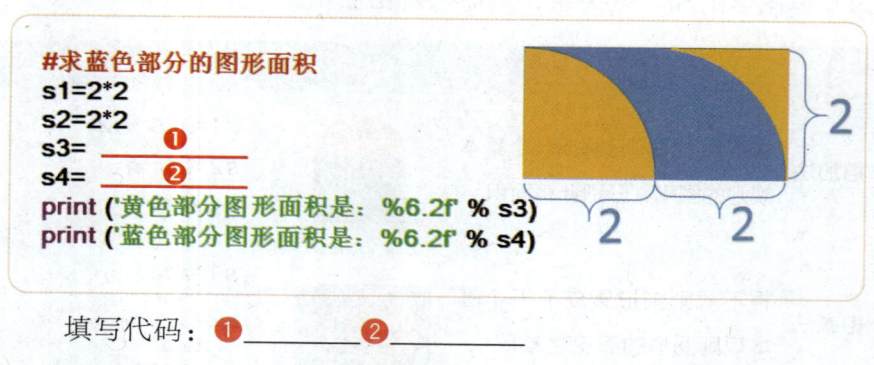

填写代码：❶_____ ❷_____

3. 编写程序

使用 Python 编写求下页图所示蓝色部分的图形面积的程序。

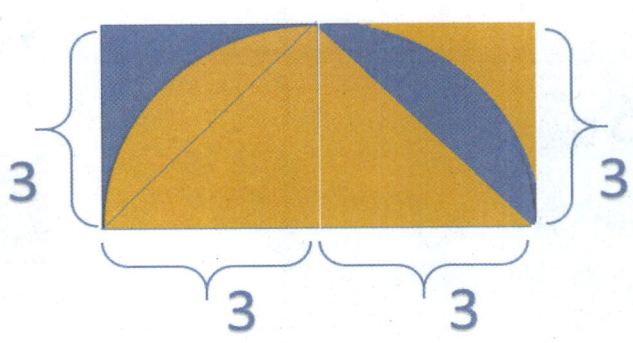

【提示】使用割补法,即把右上角的黄色部分图形切割下来补在左上角,将左上角的蓝色部分图形移到右上角,这样蓝色部分图形成为小正方形的一半,从而可以通过基本图形求出蓝色部分图形的面积。

第6课

判断在第几象限
——选择结构

扫一扫，看视频

坐标轴的横轴和纵轴将平面分为4个区域，即4个象限。象限以原点为中心，x轴和y轴为分界线，右上方的区域叫第一象限，左上方的区域叫第二象限，左下方的区域叫第三象限，右下方的区域叫第四象限。坐标轴上的点不属于任何象限。如果输入的两个数代表一个点的坐标（x,y），请编写程序判断该点（x,y）属于哪一个象限。

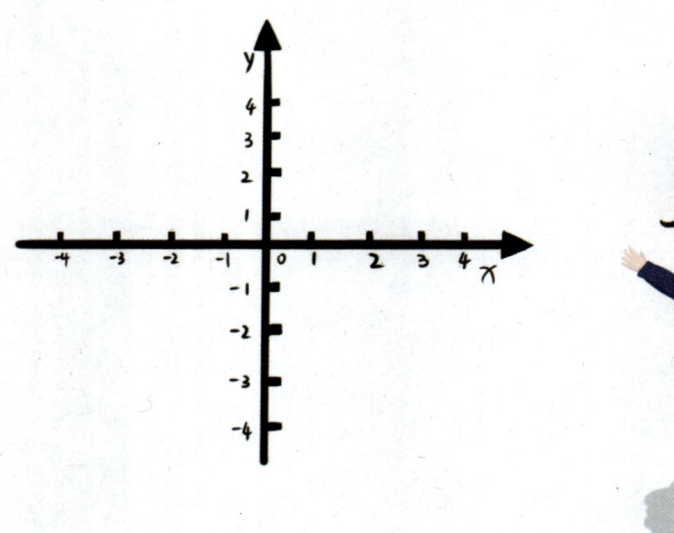

1. 理解题意

平面直角坐标系又称为笛卡儿坐标系,由一个原点[坐标为(0,0)]和两个通过原点的、相互垂直的坐标轴构成。其中,水平方向的坐标轴为 x 轴,以向右为其正方向;垂直方向的坐标轴为 y 轴,以向上为其正方向。平面上任何一点 P 都可以由 x 轴和 y 轴的坐标来定义,即可以用坐标值(x,y)来定位一个点。

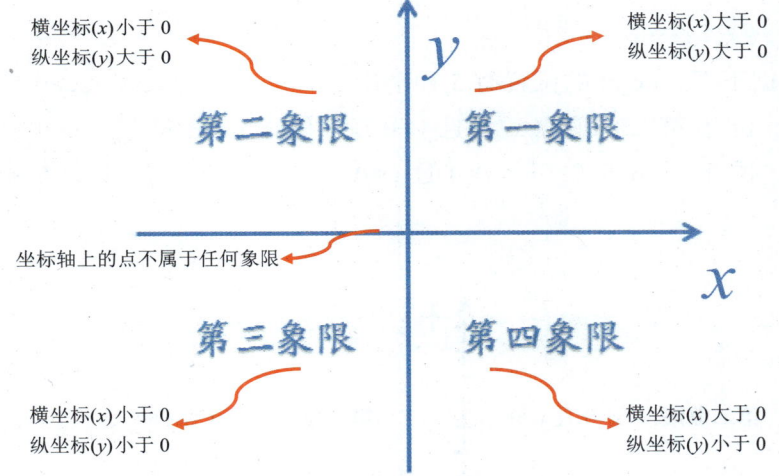

2. 开动脑筋

本课案例中,需要根据输入的一个点的坐标(x,y)的值来判断点 (x,y) 在哪一个象限。请开动脑筋,思考并回答下面的问题。

❓ 问题 1

对于任意一点的坐标 (x,y)，其所属于的象限有几种可能？

❓ 问题 2

如何表达这些可能？说说你的编程思路。

 规划院

1. 思路分析

根据下图，(x,y) 的位置有 5 种情况，即位于第一象限（$x>0$ 且 $y>0$）、位于第二象限（$x<0$ 且 $y>0$）、位于第三象限（$x<0$ 且 $y<0$）、位于叫第四象限（$x>0$ 且 $y<0$）、位于坐标轴上 $x=0$ 或 $y=0$。

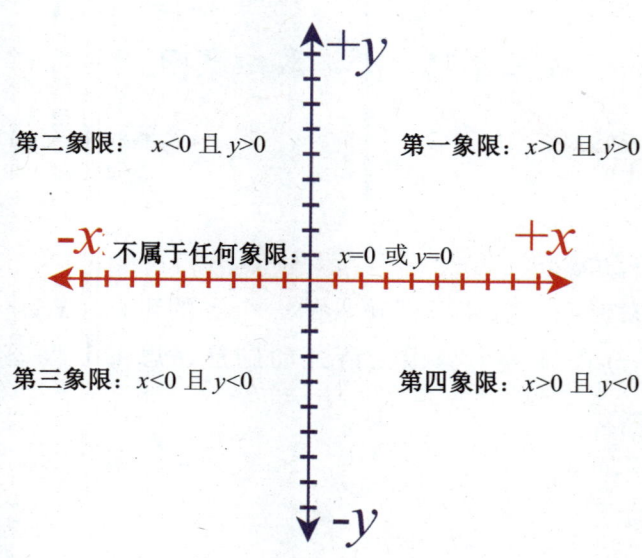

2. 算法描述

根据上述的思路分析，求解步骤如下。

第 1 步：输入 x、y 的数值；

第 2 步：如果 $x>0$ 且 $y>0$，输出该点在第一象限。

第 3 步：如果 $x<0$ 且 $y>0$，输出该点在第二象限。

第 4 步：如果 $x<0$ 且 $y<0$，输出该点在第三象限。

第 5 步：如果 $x>0$ 且 $y<0$，输出该点在第四象限。

第 6 步：如果 $x=0$ 或 $y=0$，输出该点不在任何象限。

以上的求解过程是需要进行选择判断的，我们将这种结构称为选择结构，其算法流程图如下图所示。

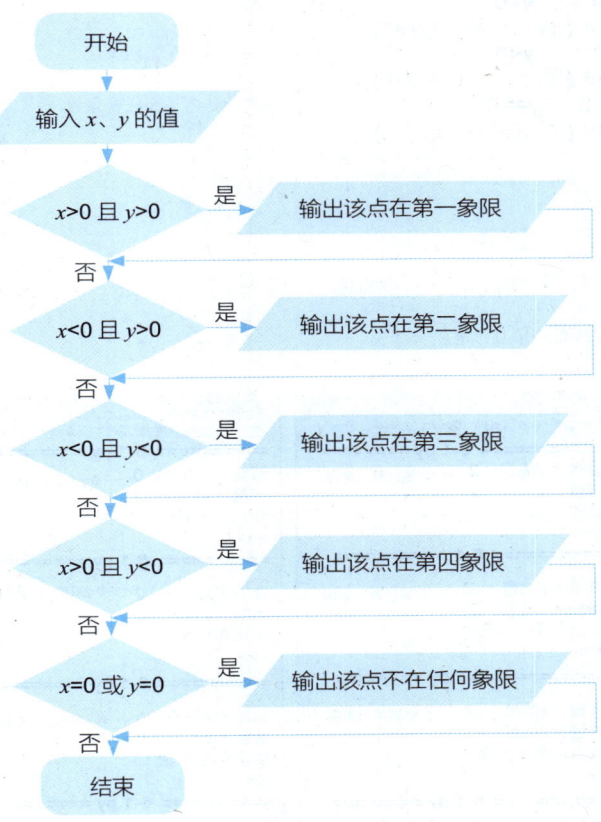

 加工坊

1. 编程实现

文件名 6-1.py 第6课 判断在第几象限——选择结构

```
x=int(input ('请输入x的值：'))
y=int(input ('请输入y的值：'))
if x>0 and y>0:                # 选择判断是否在第一象限
    print ('该点在第一象限!')
if x<0 and y>0:                # 选择判断是否在第二象限
    print ('该点在第二象限!')
if x<0 and y<0:                # 选择判断是否在第三象限
    print ('该点在第三象限!')
if x>0 and y<0:                # 选择判断是否在第四象限
    print ('该点在第四象限!')
if x==0 or y==0:               # 选择判断是否不在任何象限
    print ('该点在坐标轴上!')
```

2. 测试程序

输入不同的数值，分别测试其对应的象限，以及 x 轴、y 轴、原点的数据是否正确。

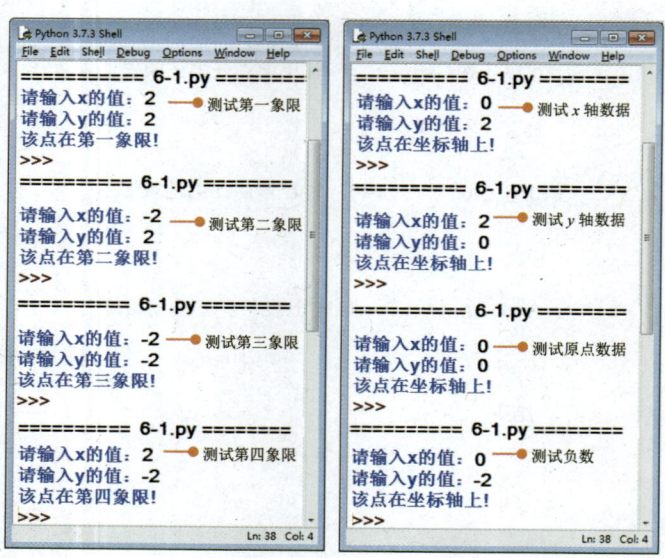

3. 答疑解惑

在编写程序时，要注意下图所示的易错点。

```
x=int(input ('请输入 x 的值：'))
y=int(input ('请输入 y 的值：'))
if x>0 and y>0:          ← 易错点1：
    print ('该点在第一象限!')     冒号要在英文状态下
if x<0 and y>0:             输入，并且不能省略
    print ('该点在第二象限!')
if x<0 and y<0:
    print ('该点在第三象限!')
if x>0 and y<0:
    print ('该点在第四象限!')
if x==0 or y==0:          ← 易错点3：
    print ('该点在坐标轴上!')     ==为两个等号，不能
                           只写一个等号
```

易错点 2：print()函数不能顶格写

if 条件语句中包含的语句是从属关系，故在语法上要进行缩进，即不能顶格写。在描述条件时，如果要表述 x 等于 0，一定要用 x==0 来表示。

4. 优化程序

上述程序使用的是单分支选择判断语句。在 Python 中，还有双分支和多分支选择判断语句。对于本案例，还可使用多分支语句来表示，这样编写出来的程序条理更清晰，也更便于理解。

文件名 6-2.py 第 6 课 判断在第几象限——选择结构（多分支）

```
x=int(input ('请输入x的值：'))
y=int(input ('请输入y的值：'))
if    x>0 and y>0:  print ('该点在第一象限!')
elif  x<0 and y>0:  print ('该点在第二象限!')
elif  x<0 and y<0:  print ('该点在第三象限!')
elif  x>0 and y<0:  print ('该点在第四象限!')
else: print ('该点在坐标轴上!')   # 不在任何象限，只在坐标轴上
```

阅览室

1. 逻辑运算符

运算符	逻辑表达式	运算结果	描述
and	5 < 3 and 5 == 5	False	只有等号（==）两边都为 True，结果才为 True
or	5 < 3 or 5 == 5	True	只有等号（==）两边都为 False，结果才为 False
not	not 5 < 3	True	取反，即 not True 为 False，not False 为 True

2. 关系运算符

运算符	基本运算	描述	应用举例
<	小于	判断 x 是否小于 y	5<3 返回 False 3<5 返回 True 3<5<7 返回 True
>	大于	判断 x 是否大于 y	5>3 返回 True
<=	小于或等于	判断 x 是否小于或等于 y	x=3;y=6;x<=y 返回 True
>=	大于或等于	判断 x 是否大于或等于 y	x =4;y=3;x>=y 返回 True
==	等于	比较两个对象是否相等	x =2;y=2;x==y 返回 True x='str';y='stR';x==y 返回 False x='str';y='str';x==y 返回 True
!=	不等于	比较两个对象是否不相等	x=2;y=3;x!=y 返回 True

3. Python 运算符优先级

下页表中列出的运算符的优先级从上到下依次是从最高到最低。

运算符	描述
**	幂
*、/、%、//	乘、除、取模和取整除
+、-	加法、减法
>>、<<	右移、左移运算符
&	按位与运算符
^、|	位运算符
<=、<、>、>=	比较运算符
<>、==、!=	等于运算符
=、%=、/=、//=、--=、+=、*=、**=	赋值运算符
and、or、not	逻辑运算符

4. if 条件语句

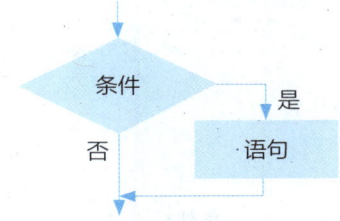

对应的语句格式如下。

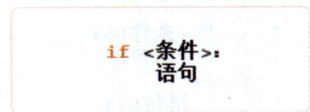

5. if…else 条件语句

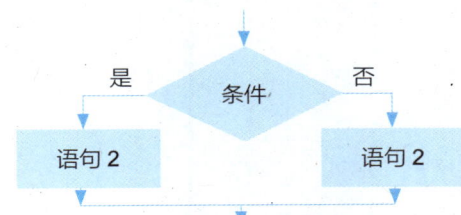

对应的语句格式如下。

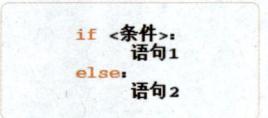

6. if…elif…else 条件语句

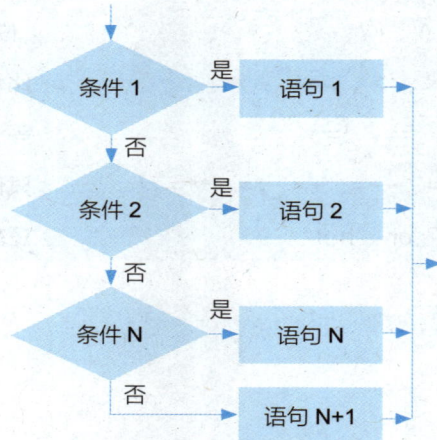

对应的语句格式如下。

```
if <条件1>:
    语句1
elif <条件2>:
    语句2
    …
elif <条件N>:
    语句N
else:
    语句N+1
```

创新园

1. 阅读程序写结果

```
num = int(input("输入一个数字: "))
if (num % 2) == 0:      # 判断是否能被 2 整除
    print(num,"是偶数")
else:
    print(num,"是奇数")
```

输入 15，输出：_____

输入 22，输出：_____

2. 完善程序

请补充下面程序段的下画线处的内容，完善程序。

```
a=int(input("请输入第一个数 a："))
b=int(input("请输入第二个数 b："))
print('a=',a,'b=',b)
if a <b:
    ❶ _____        # 交换两个数
    ❷ _____
    ❸ _____
print('a=',a,'b=',b)
```

填写代码：❶_____ ❷_____ ❸_____

3. 编写程序

编写一个程序，实现如下功能。输入性别，如果是"男"，显示"请参与1000米跑"；如果是"女"，显示"请参与800米跑"。

【提示】if xb==" 男 "：print(" 请参与 1000 米跑 ")
　　　　if xb==" 女 "：print(" 请参与 800 米跑 ")

第 7 课

高斯求和咱也会
——for 循环

扫一扫,看视频

大数学家高斯 10 岁时,老师在数学课上出了一道难题:把 1 到 100 之间的所有整数加起来!老师话音刚落,高斯就报出了答案:5050。在数学中,对于这类有规律的数列,我们可以使用等差数列的求和公式进行快速求和。使用计算机编写程序时,我们还可以使用循环累加的方法进行求和,同样也能与高斯一样又快又准确。

"等差数列求和" 公式

$$1+2+\cdots+n=\frac{n(n+1)}{2}$$

研究室

1. 理解题意

数学思维方式:如果一个数列从第 2 项起,每一项与它前一项的差等于同一个常数,那么这个数列就叫作等差数列。例如,求 1+2+3+…+99+100 的和,使用等差数列求和的公式,可得 1+2+3+…+99+100=100×(100+1)÷2=5050。

计算机思维方式：求 1+2+3+…+99+100，需循环 100 次，每次循环让变量 x=x+1，即可实现变量 *x* 从 1 到 100 的变化；再设置一个求和的变量 *sum*，每次循环让 sum=sum+x，这样就实现了每循环一次，就进行一次累加；循环 100 次，即可计算出结果。

2. 开动脑筋

使用等差数列求和公式进行求和，从数学的角度大家都比较好理解。在计算机中也可以使用此方式进行求和，但在很多种情况下，类似此类的编程过程使用的是循环方式。在从数学思维向计算机思维转换的过程中，需要思考以下两个问题。

问题 1
编程代码中的 x=x+1 是什么意思？

问题 2
如何使用循环语句来表述累加求和的思路？

1. 思路分析

计算机编程中的赋值语句"="不等同于数学中的"="。循环计数变量 *x* 的初始值为 1，以后每次循环都要让 *x* 累加 1。循环累加求和变量 *sum* 的初始值为 0，以后每次循环都要让 *sum* 累加 *x*。

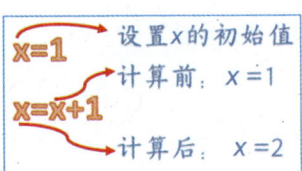

在 Python 中，设置循环语句时需要考虑循环变量的初始值、终止值以及循环次数之间的关系。以 1+2+3+…+99+100 为例，各数值如下图所示。

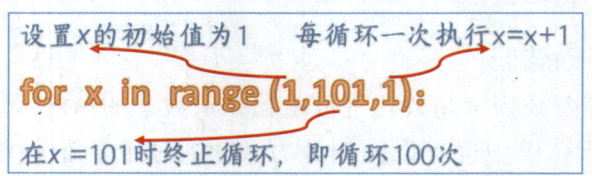

2．算法描述

根据上述思路分析，求解步骤如下。

第 1 步：设置 *sum* 的初始值为 0。

第 2 步：设置循环变量 *x*，初始值为 1，终止值为 101，步长为 1。

第 3 步：设置循环体内的语句，即 sum=sum+x。

第 4 步：输出最终的循环累加结果 *sum*。

在以上的求解过程中，需要循环 100 次，我们将这种结构称为循环结构，其算法流程图如下图所示。

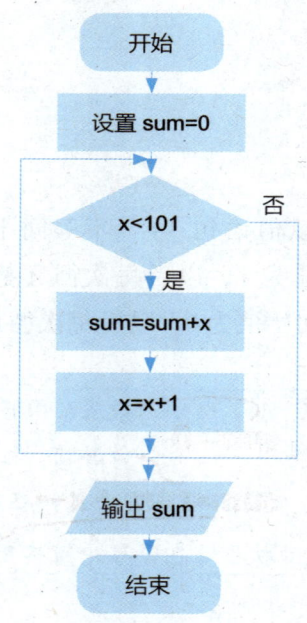

 加工坊

1. 编程实现

文件名 7-1.py 第 7 课 高斯求和咱也会——for 循环

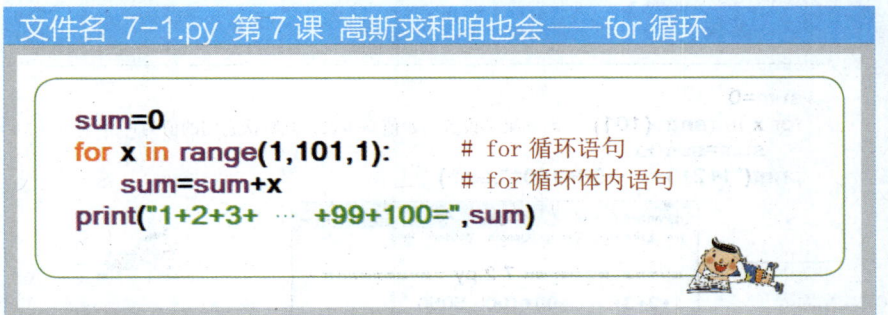

2. 测试程序

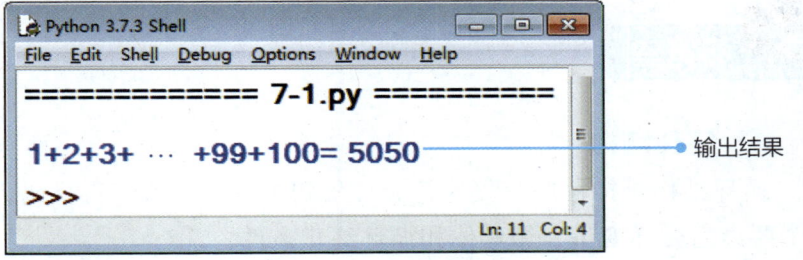

输出结果

3. 答疑解惑

在编写程序时,要注意下图所示的易错点。

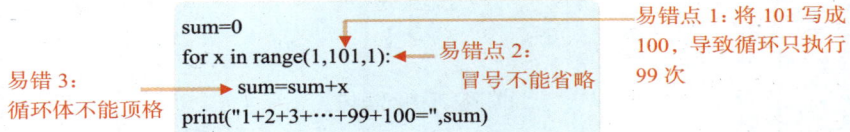

易错点 1:将 101 写成 100,导致循环只执行 99 次

易错点 2:冒号不能省略

易错 3:循环体不能顶格

在循环语句 for x in range(1,101,1): 中,最为重要的是循环范围的设置。在调试程序时,要注意测试循环的边界值。

4．优化程序

本案例中的循环语句还可以进一步优化为 for x in range(101):，即可以省略初始值1与步长1，结果是一样的。这是因为 range() 中默认的初始值是1，步长也是1。

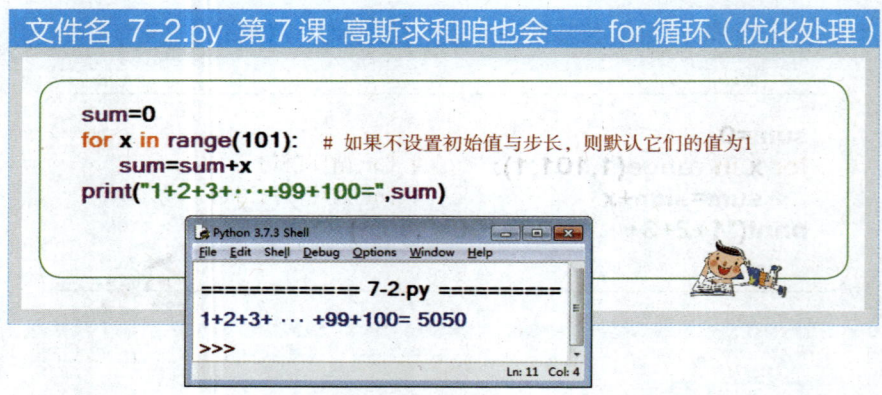

1．循环结构

循环结构是指程序重复执行循环语句中的一行或多行代码，其3个要素为循环变量、循环体和循环终止条件。

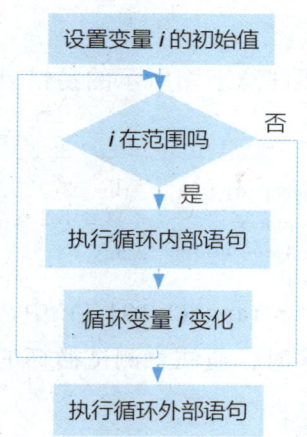

2. 循环结构的优点

使用循环结构可以提高程序运行效率。例如，如果要求 1+2+3+…+9999+10000 的和，只需将原循环代码中的 101 改为 10001 即可。

同理，如果要分别求 1+3+5+…+97+99 和 2+4+6+…+98+100 的和，只需修改原物质代码中的步长为 2，以及相应的初始值即可。

```
求100以内的奇数和
sum=0
for x in range(1,100,2):
    sum=sum+x
print("1+3+5+…+97+99=",sum)
```

```
求100以内的偶数和
sum=0
for x in range(2,101,2):
    sum=sum+x
print("2+4+6+…+98+100=",sum)
```

3. for 循环中 range() 作用

在 for i in range(1,4,1): 语句中，i 是一个自定义变量，i 的初始值为 1，每次循环自加 1，直到等于 3 时，循环结束。例如，for i in range(0,10,1): 的意思就是把数值 0、1、2、3、4、5、6、7、8、9 依次赋给 i，每循环一次，i 就自动增加 1。其他应用如下表所示。

循环条件	第1次	第2次	第3次	第4次	第5次
range(4)	i=0	i=1	i=2	i=3	退出循环
range(0,4,1)	i=0	i=1	i=2	i=3	退出循环
range(1,4,1)	i=1	i=2	i=3	退出循环	
range(1,4,2)	i=1	i=3	退出循环		
range(4,1,−1)	i=4	i=3	i=2	退出循环	

1. 阅读程序写结果

```
for i in range(97,97+26,1):
    print (chr(i))

for i in range(97+25,96,-1):
    print (chr(i))
```

第 1 个循环输出的结果是：_____
第 2 个循环输出的结果是：_____

2. 完善程序

请在下面程序中的下画线处填写正确的代码，完善程序，使程序运行后输出由五角星排列组成的直角三角形。

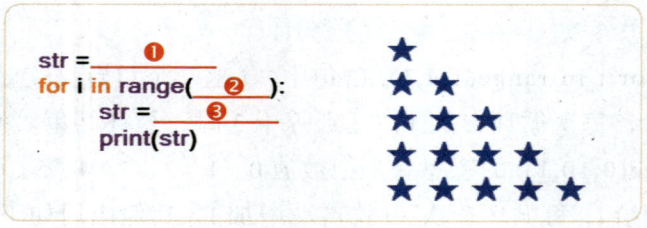

3. 编写程序

编写一个程序，求 1×2×3×4×5×6×7×8×9 的积。

【提示】设置用于保存阶乘值的变量 *sum* 初始值为 1，使用 for 循环，定义循环变量 *x* 初始值为 1，让 *x* 从 1 变化到 9，循环 9 次，在循环体中设置代码 sum=sum*x。

第 8 课

妙算最大公约数
——while 循环

扫一扫，看视频

最大公约数，也称最大公因数，是指两个或多个整数共有约数中最大的一个。a 和 b 的最大公约数记为 $(a，b)$。编写一个 Python 程序，求任意两个正整数的最大公约数并输出该最大公约数。

欧几里得算法——辗转相除法

319 与 377 的

最**大**公约数

是 **29**

1. 理解题意

求最大公约数有多种方法，常见的有辗转相除法、质因数分解法、短除法和更相减损法。本案例重点介绍欧几里得算法，即计算机编程中与 while 循环有关的辗转相除法。

辗转相除法就是用较小数除以较大数，再用出现的余数（第一余数）去除除数，再用出现的余数（第二余数）去除第一余数，如此反复，直到最后余数是 0 为止，此时最后的除数就是这两个数的最大公约数。例如，使用辗转相除法求 319 与 377 这两个数的最大公约数的过程如下。

```
∵ 319÷377=0（余 319）
∴（319，377）=（377，319）；      # 辗转相除
∵ 377÷319=1（余 58）
∴（377，319）=（319，58）；       # 辗转相除
∵ 319÷58=5（余 29）
∴（319，58）=（58，29）；         # 辗转相除
∵ 58÷29=2（余 0）                # 余数为 0，停止辗转相除
∴（58，29）=29；                  # 余数为 0 时，最后的除数即为最大公约数
∴（319，377）=29。
```

2．开动脑筋

根据上面求 319 与 377 这两个数的最大公约数的示例，思考并回答下面的问题。

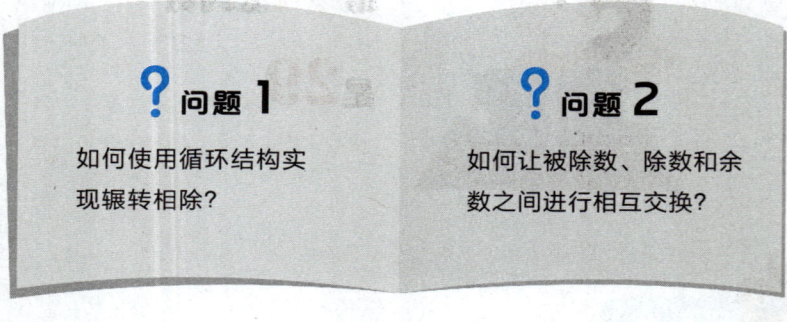

问题 1　如何使用循环结构实现辗转相除？

问题 2　如何让被除数、除数和余数之间进行相互交换？

1．思路分析

Python 中的循环方式有两种，其中 for 循环是在知道循环次数的情况下使用的，而 while 循环是在不清楚最终要循环多少次，只

需给出符合循环结束的条件的情况下使用的。

要让两个数相互交换，需引入第 3 个数。以交换两杯水为例，要想让 a 和 b 这两个杯子的水进行交换，先要将 a 杯子中的水倒入 c 杯子中，再将 b 杯子中的水倒入 a 杯子中，最后将 c 杯子中的水倒入 b 杯子中，即可完成两杯水的交换，如下图所示。

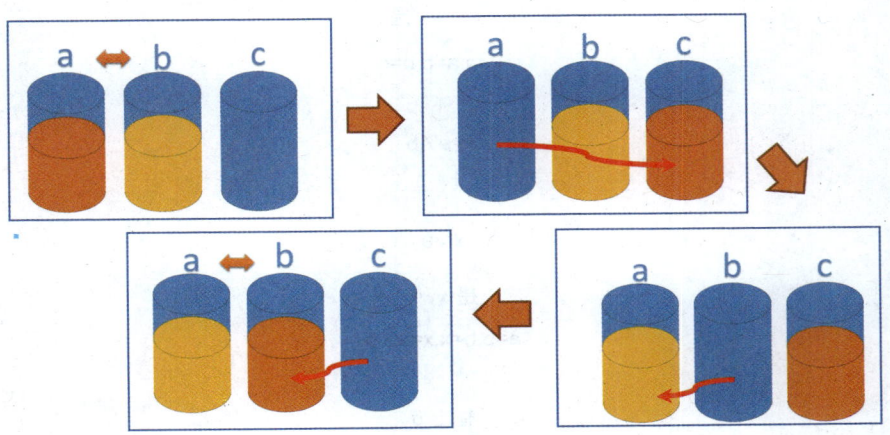

2．算法描述

根据上述的思路分析，求解步骤如下。

第 1 步：输入任意两个正整数 *a* 和 *b*。

第 2 步：判断两个正整数 *a* 和 *b* 的大小，若 *a<b*，则两个数交换。

第 3 步：将两整数相除的余数赋给 x，即 x= a%b。

第 4 步：设置 while 循环，循环执行条件 x != 0。

第 5 步：设置 while 循环体代码，如果余数不等于 0，则进行辗转相除，即 a=b,b=x,x=a%b。

第 6 步：如果余数不等于 0，即 while 循环一直循环执行第 5 步。

第 7 步：如果余数等于 0，则停止 while 循环。

第 8 步：输出最终 b 的值。

根据以上的求解过程，其算法流程图如下页图所示。

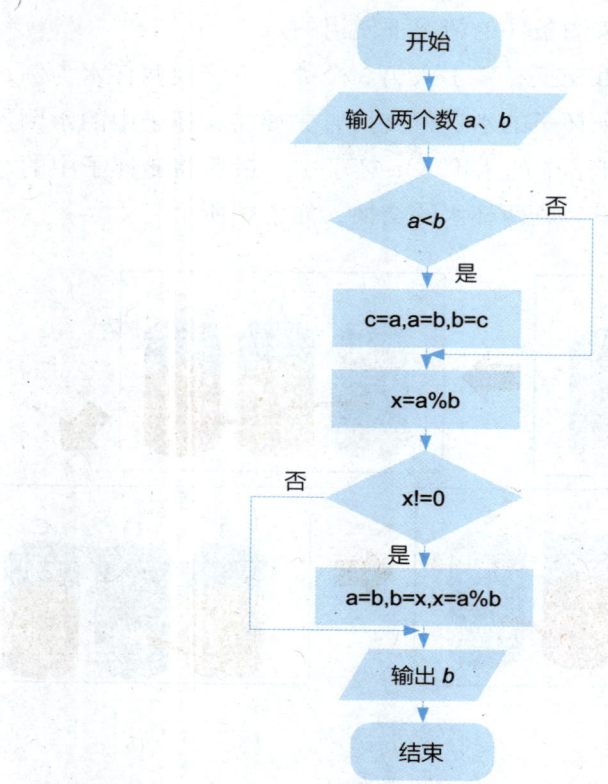

1. 编程实现

文件名 8-1.py 第 8 课 妙算最大公约数——while 循环

```
a= int(input("请输入一个数:"))
b= int(input("请输入另外一个数:"))
if a < b:                    # 如果a<b，则两个数交换
    c=a;a=b;b=c              # a、b这两个数交换
x=a%b                        # 将a%b的余数赋给x
while (x!= 0):               # while循环的判断条件：余数不为0
    a=b;b=x;x=a%b            # 进行辗转相除
print(b)                     # 输出b的值，即最大公约数
```

2. 测试程序

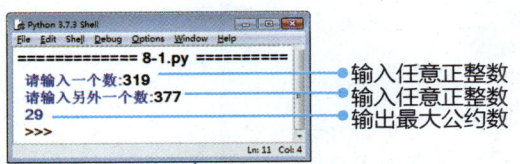

- 输入任意正整数
- 输入任意正整数
- 输出最大公约数

3. 答疑解惑

在编写辗转相除法程序时，特别是在两个数进行互相交换时，要注意交换表达式的先后顺序，顺序不可以错。常见的几个易错点如下图所示。

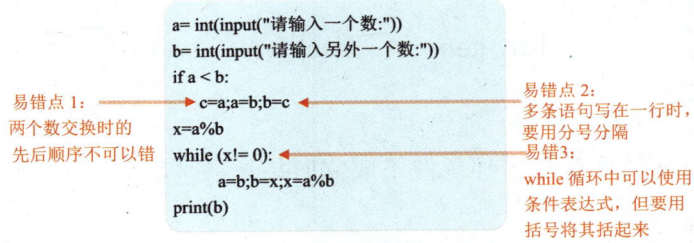

易错点1：
两个数交换时的先后顺序不可以错

易错点2：
多条语句写在一行时，要用分号分隔

易错3：
while 循环中可以使用条件表达式，但要用括号将其括起来

在循环语句 while (x!= 0): 中，最为重要的是 while 循环结束条件的设置。在调试程序时，要注意测试循环的边界值。

4. 优化程序

除了可以使用 while 循环的辗转相除法求最大公约数外，也可以使用 for 循环的逐一列举法求出两个数的最大公约数，其程序代码如下图所示。

文件名 8-2.py 第8课 妙算最大公约数——for 循环（优化处理）

```
a= int(input("请输入一个数:"))
b= int(input("请输入另外一个数:"))
if a > b:
    min = b
else:
    min = a
for x in range(1,min+1):          # 使用for循环
    if (a % x == 0) and (b % x== 0):  # 循环次数为两个数中较小的数
        c = x                     # 使用逐一列举法找最大公约数
print('这两个数的最大公约数是:%d '%c)
```

1. for 循环

for 循环可以用来遍历某一对象。遍历，通俗点来说，就是把这个循环中的第一个元素到最后一个元素依次访问一次，类似老师上课点名时把每个同学的姓名逐一点一次。

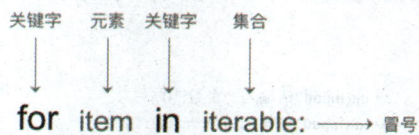

2. while 循环

while 循环是在循环条件不成立时结束循环。

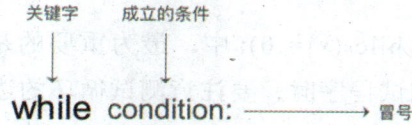

1. 阅读程序写结果

```
a=1
while a<10:
    a=a+2
print(a)
```

输出：_____

2. 修改程序

下列程序的功能是输出 20 以内的奇数之和。其中标号处有错误，请改正。

```
i = 19
j = 0
while ( i < 20 ):  ①
    j = j+i
    i = i + 2  ②
print('20以内的奇数之和',j)
```

修改错误：① _____ ② _____

3. 编写程序

有这样一个印度传说，舍罕王打算重赏象棋发明人——宰相西萨·班·达依尔，便问他想要什么。达依尔说："陛下，请您在这张棋盘的第 1 个小格内，赏给我 1 粒麦子，在第 2 个小格内给 2 粒，在第 3 个小格内给 4 粒，这样下去，每一小格的麦子都比前一小格多一倍。请将棋盘上 64 格摆满的麦粒都赏给我吧。"国王慷慨地答应了。但当把一袋又一袋的麦子搬来开始计数时，国王才发现，即使将全国的小麦都拿来，也无法兑现对达依尔的诺言。那么达依尔到底要求国王赏赐他多少粒麦子呢？

你可以使用计算机编程告诉国王达依尔要的麦子数吗？

【提示】可以使用 while 循环，求 $1+2+2^2+2^3+2^4+\cdots+2^{63}$ 的和。

第 3 单元 体育课堂

将编程与体育课结合起来，会变得其乐无穷。本课将借助用 Python 语言编写的程序，解决体育课堂中的一些问题，从而掌握计算机编程中的赋值运算、选择嵌套、循环嵌套和循环控制等语句的用法，体会编程的基本原理。

学习内容

- 第 9 课　跑步时间轻松算——赋值运算
- 第 10 课　体质指数判健康——选择嵌套
- 第 11 课　队形排列巧设计——循环嵌套
- 第 12 课　逢 4 必过小游戏——循环控制

第 9 课

跑步时间轻松算
——赋值运算

扫一扫，看视频

跑步是一项很好的运动项目。它既可以使人快速释放压力、消除不良情绪，又能锻炼身体、改善睡眠。刘小豆很喜欢跑步，每天都坚持跑 3 千米。为此他还买了一个手环，用于统计跑步的步数、距离、速度、时间等数据。借助前面学习的运算符知识，刘小豆想用 Python 编写一个统计时间的程序，用以计算一个星期内跑步所用的时间，你能帮帮他吗？

坚持跑步
健康生活

1. 理解题意

刘小豆每天跑 3 千米，但每天用的时间都不一样。第 1 天用时 22 分 32 秒，第 2 天用时 20 分 21 秒，第 3 天用时 18 分 51 秒，第 4 天用时 19 分 33 秒，第 5 天用时 17 分 46 秒，第 6 天用时 20 分 18 秒，第 7 天用时 21 分 37 秒。

本案例是统计刘小豆 7 天跑步的总用时,按照数学方法,就是要把每天跑步所用的时间累加起来。

2. 开动脑筋

本课案例中,需要求出 7 天跑步的总用时,但时间的加减(如逢 60 秒进 1 分钟)不像十进制数加减那么简单,如何实现时间的加减呢?请开动脑筋,思考并回答下面的问题。

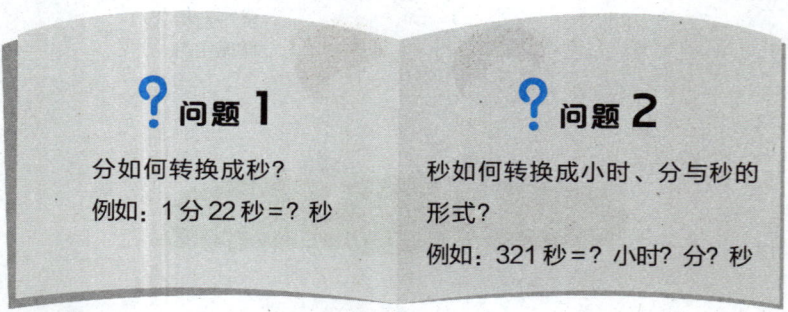

1. 思路分析

要想统计 7 天跑步的总用时,可先将时间单位统一为秒(分钟数 ×60+ 秒数),然后进行累加,得到总秒数,最后再转换成小时、分与秒的形式,得到结果,如下页图所示。

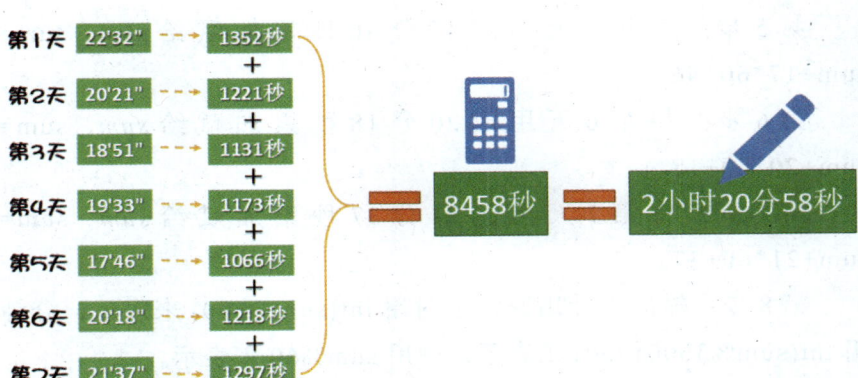

根据前面所学的知识，如果使用 Python 按照上图进行编程，则需要用到 7 个变量。怎么处理简便一些呢？可以将时间转换成秒后一个加一个，求得总和后，再转换成小时、分与秒的形式，如下图所示。

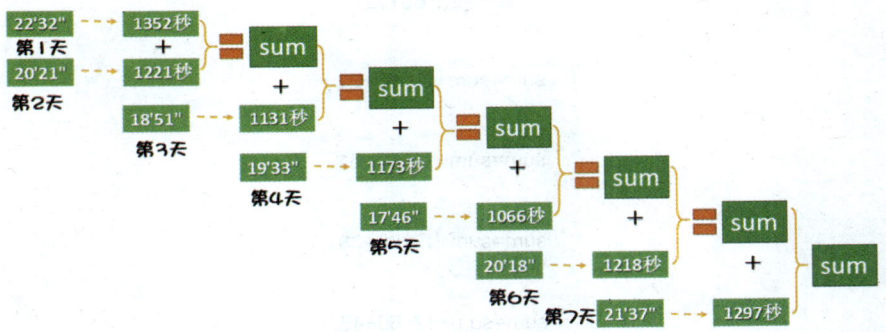

2. 算法描述

根据上述的思路分析，求解步骤如下。

第 1 步：将第 1 天用时 22 分 32 秒赋给 *sum*，sum=22*60+32。

第 2 步：将第 2 天用时 20 分 21 秒累加赋给 *sum*，sum=sum+20*60+21。

第 3 步：将第 3 天用时 18 分 51 秒累加赋给 *sum*，sum= sum +18*60+51。

第 4 步：将第 4 天用时 19 分 33 秒累加赋给 *sum*，sum=sum+19*60+33。

第 5 步：将第 5 天用时 17 分 46 秒累加赋给 *sum*，sum=sum+17*60+46。

第 6 步：将第 6 天用时 20 分 18 秒累加赋给 *sum*，sum=sum+20*60+18。

第 7 步：将第 7 天用时 21 分 37 秒累加赋给 *sum*，sum=sum+21*60+37。

第 8 步：输出累计用时，小时用 int(sum/3600) 来表示，分钟用 int(sum%3600)/60) 来表示，秒用 sum%60 来表示。

以上的求解步骤是一步接着一步的，因此选用顺序结构来编程，其算法流程图如下图所示。

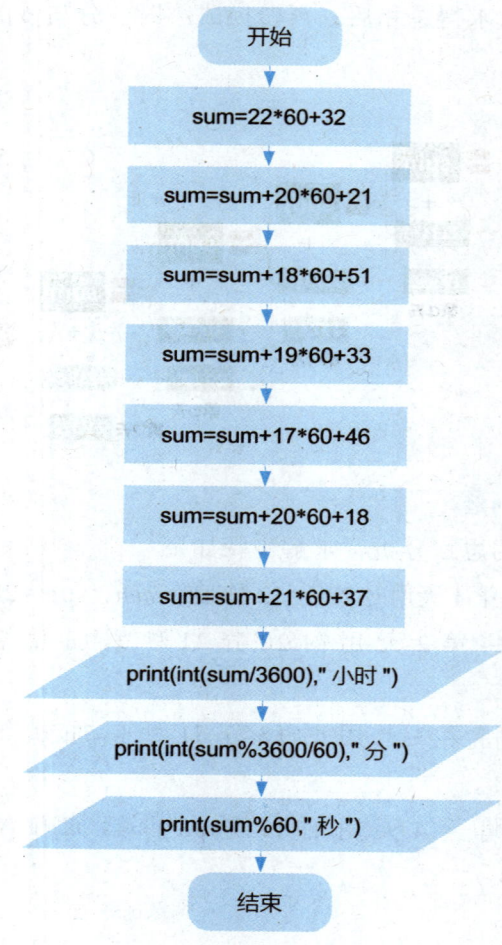

加工坊

1. 编程实现

文件名 9-1.py 第9课 跑步时间轻松算——赋值运算

```
sum=22*60+32                # 将第1天用时转换成秒，赋给sum
sum=sum+20*60+21            # 将第2天用时转换成秒，累加赋给sum
sum=sum+18*60+51            # 将第3天用时转换成秒，累加赋给sum
sum=sum+19*60+33            # 将第4天用时转换成秒，累加赋给sum
sum=sum+17*60+46            # 将第5天用时转换成秒，累加赋给sum
sum=sum+20*60+18            # 将第6天用时转换成秒，累加赋给sum
sum=sum+21*60+37            # 将第7天用时转换成秒，累加赋给sum
print(int(sum/3600),"小时")  # 将总秒数提取出整数小时输出
print(int((sum%3600)/60),"分") # 将提取小时后的秒数提取出分钟输出
print(sum%60,"秒")           # 输出提取小时、分后余下的秒数
```

2. 测试程序

输出结果：
```
2 小时
20 分
58 秒
>>>
```

3. 答疑解惑

在编写本案例程序时，要注意两个易错点：①赋值语句较多且差别不大，容易写错行或漏写；②最后将秒转换成小时和分时，容易把 //、/ 和 % 运算符混淆，如下图所示。

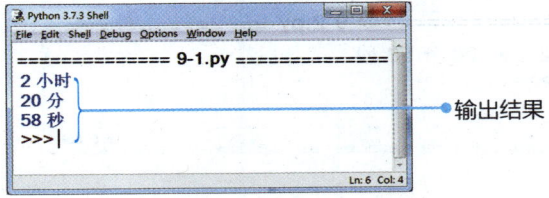

易错点1：类似的语句较多，易写漏、写错

易错点2：/、//和%运算符易混淆

4. 优化程序

上述程序输出的结果有 3 行，即将总用时数据用 3 行来显示，但这不符合人们的阅读习惯。同时，采用整除运算符"//"代替除运算符/进行除运算后，不需要再进行取整操作。优化后的程序代码与运行结果如下图所示，这种代码结构条理清晰，便于理解。

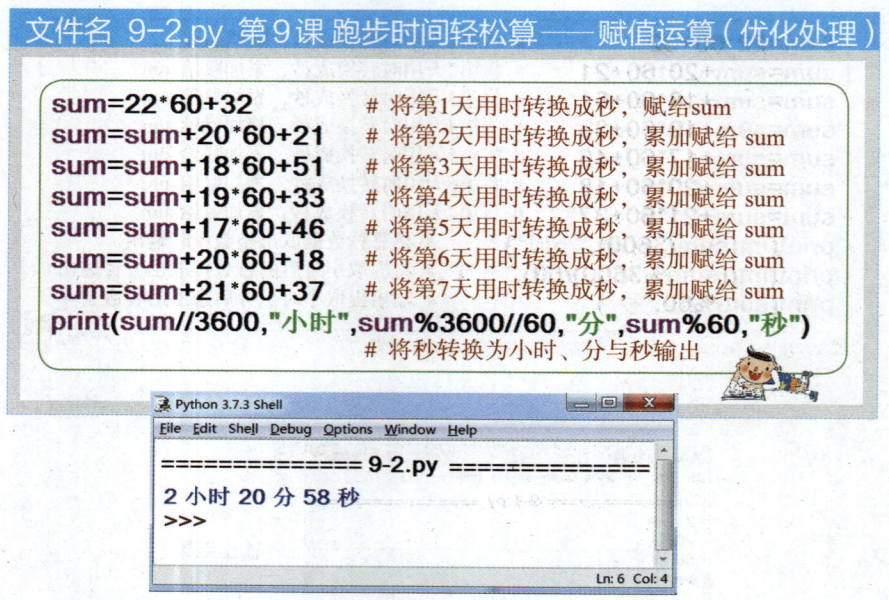

1. 累加操作

在学习中，我们常常要进行累加计算，如计算 1+2+3+4+5 的结果，计算步骤如下。

第 1 次将 *sum*+1 的计算结果赋给 *sum*，运行后 *sum* 由 0 变为 1。

第 2 次将 *sum*+2 的计算结果赋给 *sum*，运行后 *sum* 由 1 变为 3。

第 3 次将 *sum*+3 的计算结果赋给 *sum*，运行后 *sum* 由 3 变为 6。

第 4 次将 *sum*+4 的计算结果赋给 *sum*，运行后 *sum* 由 6 变为 10。

第 5 次将 *sum*+5 的计算结果赋给 *sum*，运行后 *sum* 由 10 变为 15。

应用累加器并结合后续章节中将要学习的循环知识，可以实现多次的累加计算。例如，可以累加计算出 1+2+3+…+10000 的结果等，从而极大地提高计算效率。

2. 赋值语句的一般格式

在 Python 中，赋值语句的一般格式如下：

变量名 = 表达式

其中，"="为赋值号，表示把赋值号右边的表达式的值赋给左边的变量。常用的赋值语句有4种，分别为序列赋值、链接赋值、增量赋值和列表赋值，具体应用示例如下。

```
x,y,z = 1,2,3               # 序列赋值方式，可看作x=1，y=2，z=3
print(x,y,z)
a,b,c = 1,2,"john"          # 序列赋值可以对不同类型的变量同时赋值
print(a,b,c)
x = y = 1                   # 链接赋值方式，表示将1的引用赋给x和y
print (x,y)
x = x + 1                   # 增量赋值方式，表示将x+1的计算结果赋给x
y += 1                      # 增量赋值方式，该语句等同于y=y+1
print (x,y)                 # x++语句和x——语句在Python中是不可用的
(a,b,c) = ["red","blue","yellow"]    # 列表赋值方式
print(a,b,c)
```

● **序列赋值方式**　x,y,z=1,2,3 可看作按顺序设置变量的值，等同于 x=1,y=2,z=3。序列赋值方式可以为变量赋予不同类型的值，如 a,b,c=1,2,"john" 等同于 a=1,b=2,c="john"，前两个是数值型变量，后一个是字符型变量。

● **链接赋值方式**　x= y=1，即将 1 的引用赋给 x 和 y，等同于 x=1,y=1。增量赋值语句 x = x + 1 表示将 x+1 的计算结果赋值给 x。同理，语句 x = x-1 表示将 x-1 的计算结果赋值给 x。而 y+=1 也是增量赋值语句，等同于 y=y+1。

● **列表赋值方式**　(a,b,c)=["red","blue","yellow"] 表示 a="red",b="blue",c="yellow"。列表赋值方式在后面课程中还会详细介绍。

创新园

1. 阅读程序写结果

刘小豆买了30个苹果,第1天吃掉2个苹果,第2天吃掉3个苹果,第3天吃掉4个苹果,第4天吃掉6个苹果。他用Python编写了一个程序,求到第5天时还剩下多少个苹果,如下图所示,请写出输出结果。

```
sum=30           # 把30赋给sum
sum=sum-2        # 把sum-2的计算结果赋给sum
sum=sum-3        # 把sum-3的计算结果赋给sum
sum=sum-4        # 把sum-4的计算结果赋给sum
sum=sum-6        # 把sum-6的计算结果赋给sum
print (sum)
```

输出结果:＿＿＿＿＿＿

2. 完善程序

刘小豆在计算出7天跑步总用时的基础上,准备求出每千米的平均用时,即平均速度。下图所示为刘小豆编写的Python程序,其中有两处代码他不确定,请你帮助刘小豆在下画线处填写正确的代码,完善程序。

```
sum=22*60+32
sum=sum+20*60+21
sum=sum+18*60+51
sum=sum+19*60+33
sum=sum+17*60+46
sum=sum+20*60+18
sum=sum+21*60+37
pj= ＿＿＿＿❶
print("每千米平均用时%.0f"% ＿❷＿ ,"分","%.0f"%(pj%60),"秒")
```

填写代码:❶＿＿＿＿＿ ❷＿＿＿＿＿

3. 编写程序

刘小豆学校的运动场呈椭圆形，可以分割成一个矩形和两个半圆形，如下图所示。请编写出求运动场面积的 Python 程序，要求输入 a 和 b 的值后，输出运动场的面积。

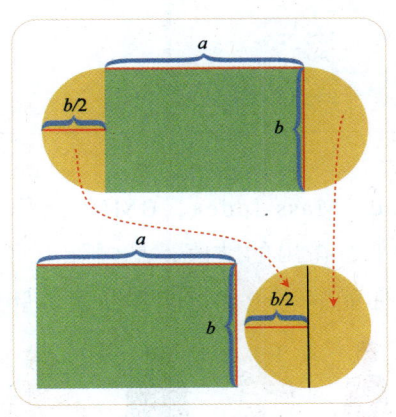

第 10 课

体质指数判健康
——选择嵌套

扫一扫，看视频

体质指数（Body Mass Index，BMI）又称身体质量指数，是用体重除以身高的平方得出的数值，是国际上常用于衡量人体胖瘦程度的一个指标。你能编写一个智能判断人体胖瘦程度的程序吗？

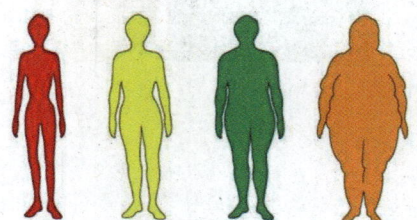

1. 理解题意

用体质测量仪测量体重、身高后，测量仪除了会告诉你具体的数值外，还会计算出体质指数，并给出"你偏瘦哟""你的体型很标准"等智能胖瘦分析。国际通用的体质指数（BMI）的计算公式如下。

本案例就是要根据输入的体重（kg）和身高（m），计算出BMI值，然后与体质标准指数进行对比，给出偏瘦、正常、偏胖、肥胖等结果。

2. 开动脑筋

在本案例中，首先需要运用赋值运算的知识计算出 BMI 值，再根据 BMI 值给出分析结果和建议。显然，用 if…else 条件语句可以实现。请开动脑筋，思考并回答下面的问题。

问题 1 你知道 BMI 值标准划分的范围吗？

问题 2 if…else 双分支选择结构你还记得吗？

1. 思路分析

程序首先要接收输入的身高与体重数据，根据公式求出 BMI 值。然后，对 BMI 值进行条件判断。因为 BMI 值有 4 个类别，而使用第 6 课所学的 if…else 双分支选择结构语句来解决这个多分支问题有点麻烦，所以这里使用 if…elif…elif…else 语句来解决多分支问题。

如果一个成年人的体重是 48.5kg，身高为 1.68m，那么他的体质指数计算如下：

BMI=48.5÷（1.68×1.68）=17.18

此时再对照 BMI 中国标准表，即可判断他是偏瘦。

BMI 中国标准

分类	BMI 范围
偏瘦	BMI<18.5
正常	18.5≤BMI<24
偏胖	24≤BMI<28
肥胖	BMI≥28

2. 算法描述

根据上述的思路分析，求解步骤如下。

第1步：输入身高和体重数据，并将这两个值赋给变量 shg 和 tzh。

第2步：计算 BMI 值，BMI = tzh / (shg *shg)。

第3步：如果 BMI 的值 <18.5，输出"偏瘦"。

第4步：否则，如果 BMI 的值 <24，输出"正常"。

第5步：否则，如果 BMI 的值 <28，输出"偏胖"。

第6步：否则，输出"肥胖"。

以上的求解过程使用的是多分支选择结构，其算法流程图如下图所示。

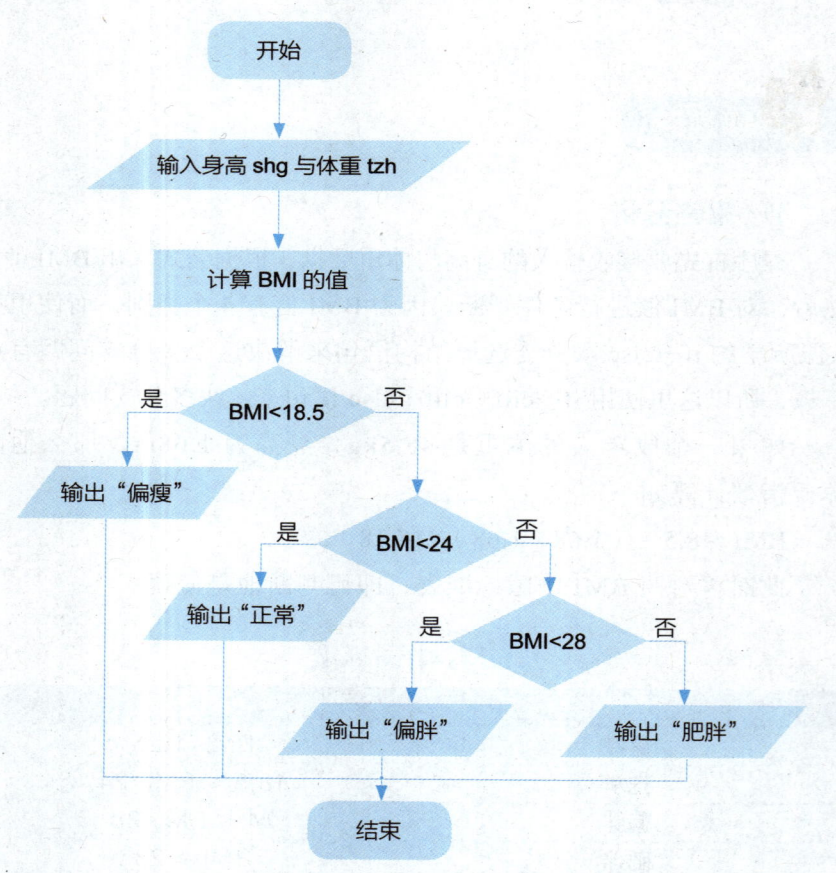

 加工坊

1. 编程实现

文件名 10-1.py 第 10 课 体质指数判健康——选择嵌套

```python
shg=float(input("输入你的身高（m）："))
tzh=float(input("输入你的体重(kg)："))
bmi=tzh/(shg*shg)
if bmi<18.5:
    print ("亲，你偏瘦，该加强营养啦！")
elif bmi<24:
    print ("亲，你体质很棒，请继续保持！")
elif bmi<28:
    print ("亲，你稍胖，加强下锻炼！")
else:
    print ("亲，你有点肥胖啦，注意饮食和锻炼哟！")
```

2. 测试程序

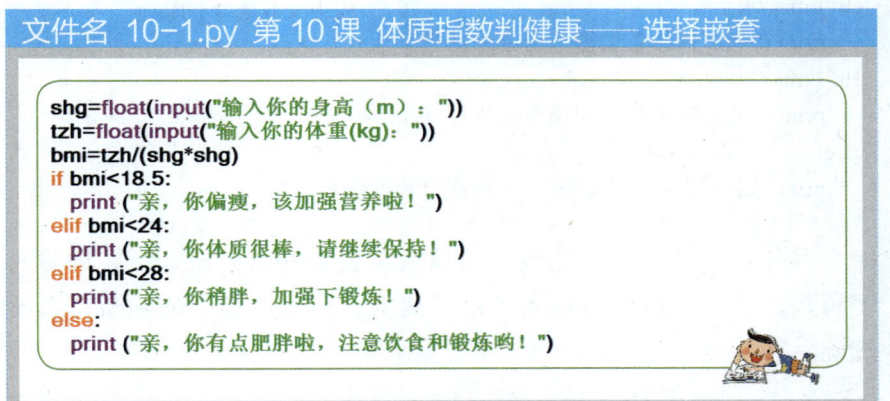

3. 答疑解惑

在编写本案例的程序时，容易犯两个错误：①程序中设定的身高单位是 m，输入身高数值时容易以 cm 为单位输入，如输入"170"；②条件表达式后面的冒号"："，应在英文状态下的冒号，这里易忘记输成，或是输入中文状态下的冒号。

```
shg=float(input("输入你的身高（m）: "))
tzh=float(input("输入你的体重(kg): "))
bmi=tzh/(shg*shg)
if bmi<18.5:
    print ("亲，你偏瘦，该加强营养啦！")
elif bmi<24:
    print ("亲，你体质很棒，请继续保持！")
elif bmi<28:
    print ("亲，你稍胖，加强下锻炼！")
else:
    print ("亲，你有点肥胖啦，注意饮食和锻炼哟！")
```

易错点1：
易以 cm 为单位输入数据

易错点2：
所有冒号易忘记输入，或是输成中文状态下的冒号

另外，测试时输入的数据要按真实测量的数据输入。如果输入了负数，或是体重与身高的数据不真实，会导致程序的判断结果不正确。

4. 优化程序

编程的方法可以多种多样，除 if…elif…elif…else 语句能实现多分支条件判断以外，另外一种 if…else 嵌套语句也能实现多分支条件判断。优化后的程序代码与运行结果如下图所示，这种代码结构条理清晰，更便于理解。

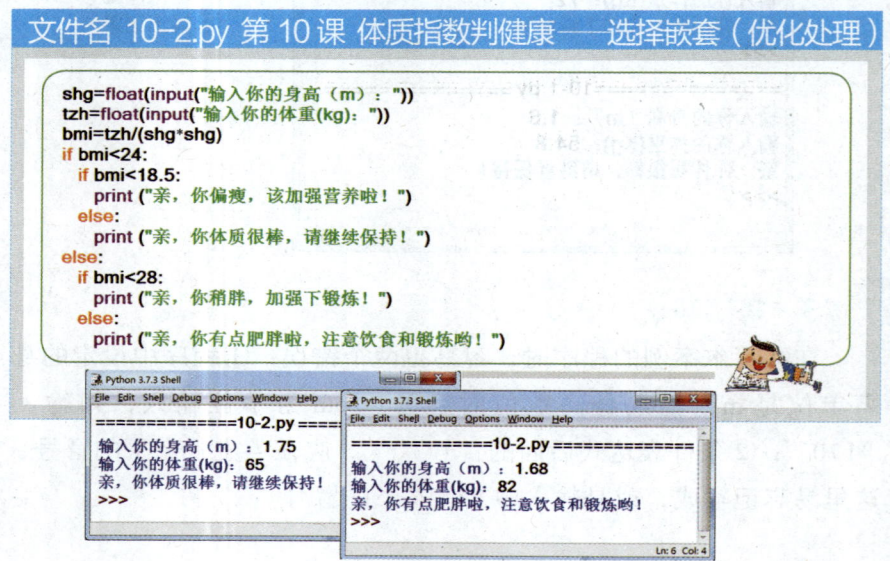

 阅览室

1. if…else 条件语句嵌套方式一

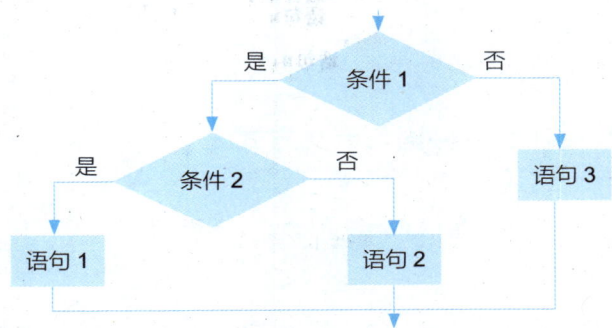

对应的语句格式如下。

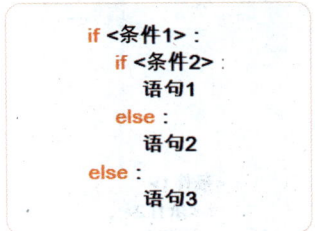

2. if…else 条件语句嵌套方式二

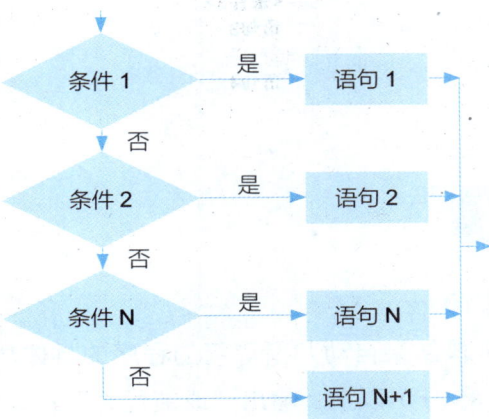

对应的语句格式如下。

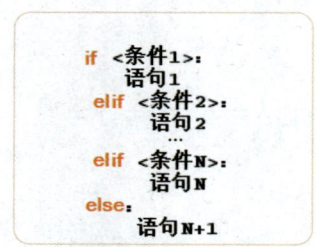

3. if…else 条件语句嵌套方式三

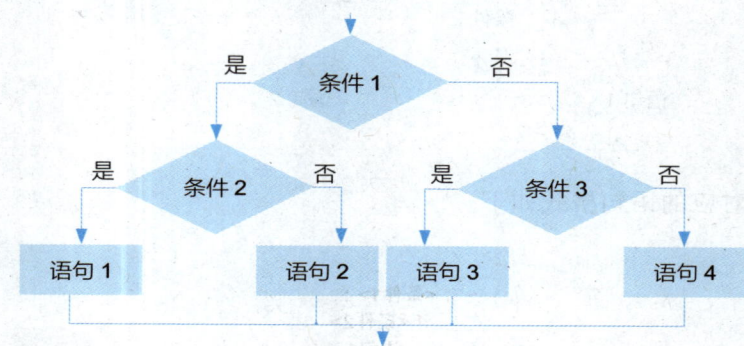

对应的语句格式如下。

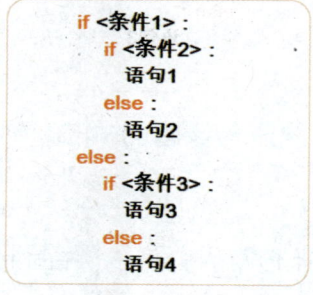

1. 修改程序

依据体能考核结果自动判断等级的程序的具体功能为：如果成绩在85分（含85分）以上，输出"成绩优秀"；如果成绩在60分

（含60分）至85分之间，输出"成绩合格"；否则输出"成绩不合格"。刘小豆用Python编写的程序如下图所示，其中有两处错误，请你帮他改正。

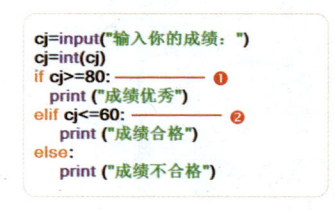

正确代码：❶_____ ❷_____

2. 完善程序

某项收费规定：当距离 x 超过500km时，付费150元；当 $300 < x \leq 500$ 时，付费100元；当 $100 < x \leq 300$ 时，付费50元；当 $x \leq 100$ 时，不用付费。下图所示为刘小豆编写的Python程序，其中有两处代码他不确定，请你帮助刘小豆在下画线处填写正确的代码，完善程序。

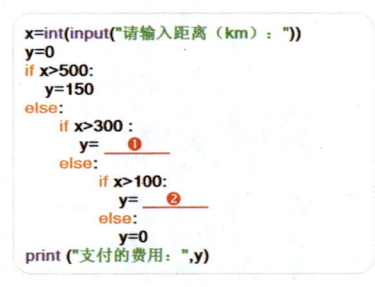

填写代码：❶_____ ❷_____

3. 编写程序

假设对某商品征收税金的规定如下：如果商品的价格在10000元及以上，税率为5%；价格在5000元及以上、10000元以下，税率为3%；价格在1000元及以上、5000元以下，税率为2%；1000元以下，免税。请编写程序，要求输入商品价格后，程序能输出应缴纳税金。

[提示] 应缴纳的税金 = 价格 × 税率

第 11 课

队形排列巧设计
——循环嵌套

扫一扫，看视频

体操表演时，需要变换队形。常见的队形有正方形、矩形、三角形等，具体排列成何种队形，可根据参加表演的队员数以及活动场地的大小进行设计。在设计队形时，可以考虑使用 Python 程序来展示队形效果，以便根据展示效果及时调整队形排列思路。你能编写一个程序，根据给定队列的行数，输出一个形如等腰三角形的队列吗？

研究室

1. 理解题意

例如，给定行数为 5，即需要输出一个 5 排的等腰三角形队形，则可设置第 1 行 1 人、第 2 行 3 人、第 3 行 5 人、第 4 行 7 人、第 5 行 9 人，如下页图所示，从而确定每行的人数和每位队员的位置。

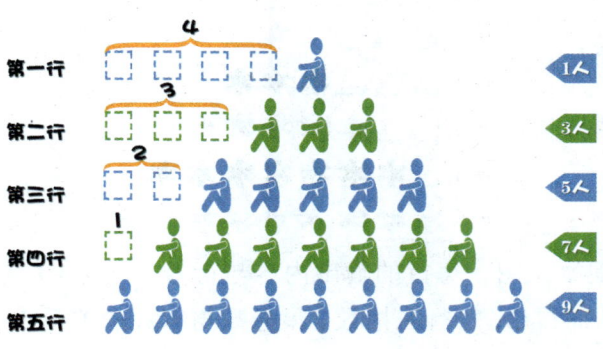

通过观察上图,程序需进行 5 次换行输出,并且每行输出的空格数和符号数的规律如下:第 1 行输出 4 个空格和 1 个符号;第 2 行输出 3 个空格和 3 个符号;第 3 行输出 2 个空格和 5 个符号;第 4 行输出 1 个空格和 7 个符号;第 5 行输出 0 个空格和 9 个符号。

2. 开动脑筋

本案例中,根据给定队列的行数,从第 1 行开始,逐行排列不同个数的符号,一共需要进行 5 次排列操作。显然,可以用循环语句来实现。请开动脑筋,思考并回答下面的问题。

❓ **问题 1**
每行输出的符号数有什么规律?

❓ **问题 2**
在输出第 1 行时,如何输出才能使符号处于中间的位置?

1. 思路分析

在 Python 中,用星号"*"代表人,用变量 i 表示行数。从第 1 行开始,随着行号的增加,输出的空格数从 4 个开始,逐行减少 1 个;星号的个数由 1 开始,逐行增加 2 个,如下页图所示。

```
i=1  ␣␣␣␣*
i=2  ␣␣␣***
i=3  ␣␣*****
i=4  ␣*******
i=5  *********
```

通过观察上图，每行的输出内容与行号 i 有一定的规律，如下表所示。从而得出：每行空格数、星号数与行数的关系表达式为 $5-i$ 和 $2\times i-1$。

找规律：空格数、星号数与行数的关系

第 i 行	空格数		星号数	
$i=1$	4		1	
$i=2$	3		3	
$i=3$	2	$5-i$	5	$2\times i-1$
$i=4$	1		7	
$i=5$	0		9	

通过上述分析可知，本案例可以使用循环嵌套结构来实现。其中，外循环用于控制行数；内循环有两个，分别用于控制空格数和星号数。

● **外循环** 一共要执行 5 次，即 for i in range（1,6）:，作用是把数值 1、2、3、4、5 依次赋给 i。

● **内循环 1** 外循环执行第 1 次时，内循环 1 执行 4 次；外循环第 2 次时，内循环 2 执行 3 次……外循环执行第 5 次时，内循环 1 执行 0 次，即循环执行 5-i 次。

● **内循环 2** 外循环执行第 1 次时，内循环 2 执行 1 次；外循环执行第 2 次时，内循环 2 执行 3 次……外循环执行第 5 次时，内循环 2 执行 9 次，即循环执行 2×i-1 次。

因为每次内循环输出空格和星号时，都要连续输出在一行中，所以输出代码分别为 print(' ',end="") 和 print('*',end="")，其中 end="" 的作用是输出不换行。

在外循环中，每执行完一次内循环体，都要换行，所以使用的代码为 print("")。

2. 算法描述

根据上述思路分析，可知求解步骤如下。

第 1 步：设置循环变量为 i，初始值为 1；终止值为 6；步长默认为 1，省略不写。

第 2 步：设置内循环 1 变量为 j，初始值默认为 0，省略不写；终止值为 5-i；步长默认为 1，省略不写。

第 3 步：内循环 1 的输出语句为 print(' ',end="")。

第 4 步：设置内循环 2 变量为 k，初始值默认为 0，省略不写；终止值为 2 * i - 1；步长默认为 1，省略不写。

第 5 步：内循环 2 的输出语句为 print('*',end="")。

第 6 步：内循环体执行完后，换行输出，相应语句为 print("")。

以上的求解过程使用的是循环嵌套结构，其算法流程图如下图所示。

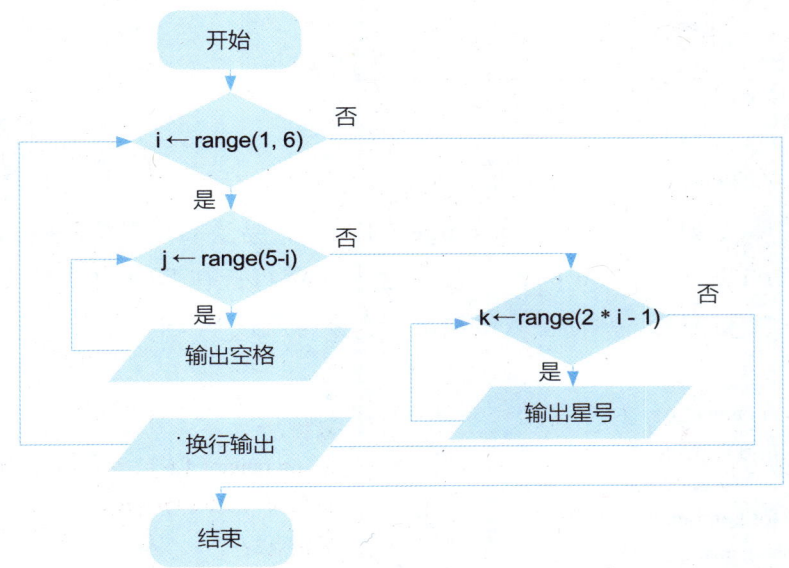

加工坊

1. 编程实现

文件名 11-1.py 第 11 课 队形排列巧设计——循环嵌套

```python
for i in range(1,6):          # 控制外循环执行5次，i=1～5
    for j in range(5-i):      # 内循环1，执行5-i次
        print(' ',end="")     # 输出空格，不换行
    for k in range(2 * i - 1):# 内循环2，执行2*i-1次
        print('*',end="")     # 输出星号，不换行
    print(end="\n")           # 内循环体结束，换行
```

2. 测试程序

```
================11-1.py================
    *
   ***
  *****
 *******
*********
>>>
```
输出结果

3. 答疑解惑

在编写本案例的程序时，要注意下图所示的两个易错点：控制外循环次数的语句 for i in range（1,6）:，易受书写习惯影响而写成 for i in range（6）:，导致多输出一空行；在两个内循环中，end="" 易漏写，从而导致每输出一个字符就换一次行。

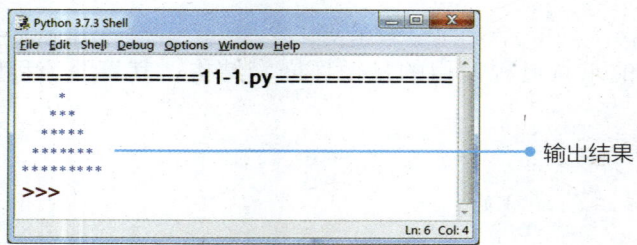

易错点1：
for i in range（1,6）；易受书写习惯影响而写成for i in range（6）；

易错点2：
end=""易漏写

另外,由于两个内循环结相独立,不受影响,所以内循环 for k in range(2 * i - 1):中的变量 k 可以使用前一个内循环中的变量 j,即可以写为 for j in range(2 * i - 1):。

4. 优化程序

程序的最大作用就是能够被重复使用,解决很多同类问题。对本实例而言,如果只能输出 5 行的等腰三角形队列,就没有编写程序的必要了。因此,我们对该程序稍做修改就可以输出任意行数的等腰三角形队列。

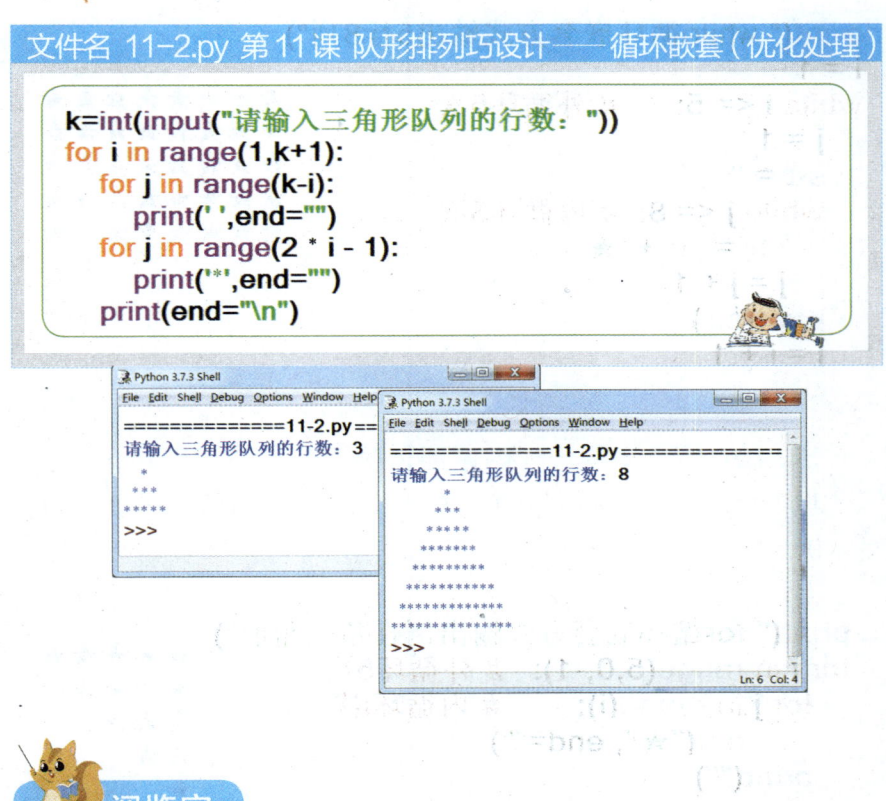

文件名 11-2.py 第 11 课 队形排列巧设计——循环嵌套(优化处理)

```python
k=int(input("请输入三角形队列的行数:"))
for i in range(1,k+1):
    for j in range(k-i):
        print(' ',end="")
    for j in range(2 * i - 1):
        print('*',end="")
    print(end="\n")
```

阅览室

1. for 循环嵌套——内循环与外循环相互独立

下页代码是利用 for 循环嵌套输出 5 行 8 列队形的示例。

```
print(" for循环嵌套方式输出5行8列")
for i in range(5):      #外循环5次
    for j in range(8):  #内循环8次
        print("★", end="")
    print("")
```

2. while 循环嵌套——内循环与外循环相互独立

以下代码是利用 while 循环嵌套输出 5 行 8 列队形的示例。

```
print(" while循环嵌套方式输出5行8列")
i = 1
while i <= 5:         # 外循环5次
    j = 1
    str = ''
    while j <= 8:     # 内循环8次
        str = str + '★'
        j = j + 1
    print(str)
    i = i + 1
```

3. for 循环嵌套——内循环依赖于外部循环变量

以下代码是利用 for 循环嵌套输出由五角星构成的倒直角三角形的示例。

```
print(" for循环嵌套方式输出倒直角三角形")
for i in range(5,0,-1):    # 外循环5次
    for j in range(i):     # 内循环i次
        print("★", end="")
    print("")
```

4. while 循环嵌套——内循环依赖于外部循环变量

下页代码是利用 while 循环嵌套输出由五角星构成的直角三角形的示例。

```
print(" while循环嵌套方式输出直角三角形")
i = 1
while i <= 5:          # 外循环5次
    j = 1
    str = ''
    while j <= i:      # 内循环i次
        str = str + '★'
        j = j + 1
    print(str)
    i = i + 1
```

1. 阅读程序写结果

在 Python 中，循环嵌套有两种用法：一种是内外循环相互独立的循环嵌套；另一种是内部循环依赖于外部循环的某些变量的循环嵌套，即外部循环的某些变量决定内部循环的执行条件。刘小豆分别用这两种循环嵌套方法编写了下图所示的程序，请写出它们的运行结果。

程序1代码：
```
for i in range(1,5,1):
    for j in range(1,4,1):
        print("★", end="")
    print("")
```

程序2代码：
```
i = 5
while i >=0:
    j = 1
    str = ''
    while j < i:
        str = str + '*'
        j = j + 1
    print(str)
    i = i -1
```

程序 1 运行结果：_____ 程序 2 运行结果：_____

2. 完善程序

下页图所示为刘小豆编写的输出菱形图案的程序，请在下画线处填写适当的语句，完善程序。

```
k=5
for i in range(k):
    for j in range(k-i):
        print(' ',end="")
    for j in range(2 * i + 1):
        print('*',end="")
    print(end="\n")

for i in range(1,k):
    for j in range( ①     ):
        print(' ',end="")
    for j in range( ②     ):
        print('*',end="")
    print(end="\n")
```

```
        *
       ***
      *****
     *******
    *********
     *******
      *****
       ***
        *
```

填写代码：① _____ ② _____

3. 按要求编写程序

尝试编写程序，输出如下图形。

第 12 课

逢 4 必过小游戏
——循环控制

扫一扫，看视频

体育课上，老师带领大家一起玩"逢 4 必过"游戏。规则是大家围坐一圈，从 1 开始报数，如遇到尾数是 4 或者是 4 的倍数的数，就不报数，而报"过"，谁报错了数，谁就要做仰卧起坐或俯卧撑。你能编写一个程序，模拟 30 个人报数的情况吗？

 研究室

1. 理解题意

本案例可以理解为找出尾数是 4 或者 4 的倍数的数。30 以内符合这两个条件的数如下图所示。

尾数为4的数： 4、14、24

4 的倍数： 4、8、12、16、20、24、28

用Python编写程序，在运行程序的过程中将这些数字替换为"过"字输出，输出结果如下图所示。

1、2、3、过、5、6、7、过、9、10、11、过、13、过、15、过、17、18、19、过、21、22、23、过、25、26、27、过、29、30

2．开动脑筋

本案例是使用循环语句输出数字1～30，但在输出的过程中，需要判断是原样输出数字，还是输出汉字"过"。请开动脑筋，思考并回答下面的问题。

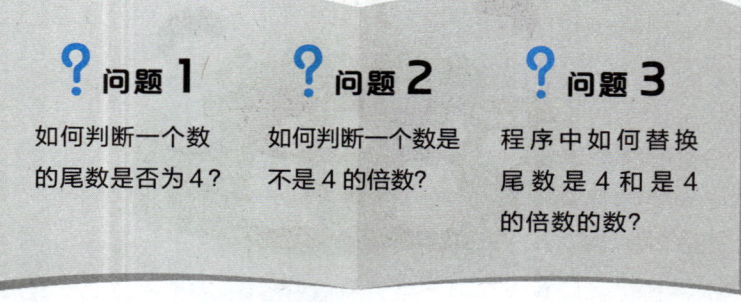

1．思路分析

本题是用循环语句输出1~30，需要先定义一个变量 i，在输出数前要判断 i 的尾数是不是4，或是不是4的倍数。若是，就输出"过"；若不是，就输出 i。

如何判断变量 i 的尾数是不是4呢？通过观察下页图，可以知道它们有一个共同的特征：除以 10 的余数为 4。在 Python 程序中，表达式为 i%10 = = 4。

尾数为4的数： 4、14、24

$$4 \div 10 = 0 \text{ 余 } 4$$
$$14 \div 10 = 1 \text{ 余 } 4$$
$$24 \div 10 = 2 \text{ 余 } 4$$

如何判断变量 i 是不是 4 的倍数呢？通过观察下图，可以知道它们有一个共同的特征：除以 4 的余数为 0。在 Python 程序中，表达式为 i%4 = = 0。

4的倍数的数： 4、8、12、16、20、24、28

$$4 \div 4 = 1 \text{ 余 } 0$$
$$8 \div 4 = 1 \text{ 余 } 0$$
$$12 \div 4 = 1 \text{ 余 } 0$$

在 Python 程序中，通过条件判断语句 if i%10 = = 4 or i%4 = = 0:，可以判断 i 的尾数是否为 4 或 i 是否为 4 的倍数。如果是，通过 print(" 过 ",end="") 语句输出"过"；否则，通过 print(i,end="") 语句输出 i 的值。

2．算法描述

根据上述思路分析，求解步骤如下。

第 1 步：设置循环变量为 i，初始值为 1；终止值为 31；步长默认为 1，省略不写。

第 2 步：循环体内，判断 i 的尾数是否为 4 或是否为 4 的倍数的语句为 if i%10 = = 4 or i%4 = = 0:。

第 3 步：循环体内，如果判断条件成立，则通过 print(" 过、",end="") 语句输出"过"，不换行，同时使用 continue 语句跳出本次循环，

继续判断下一个 i。

第4步：循环体内，如果未跳出本次循环，则用 print(i,end="") 语句继续输出 i 的值。

以上的求解过程使用的是循环嵌套结构，其算法流程图如下图所示。

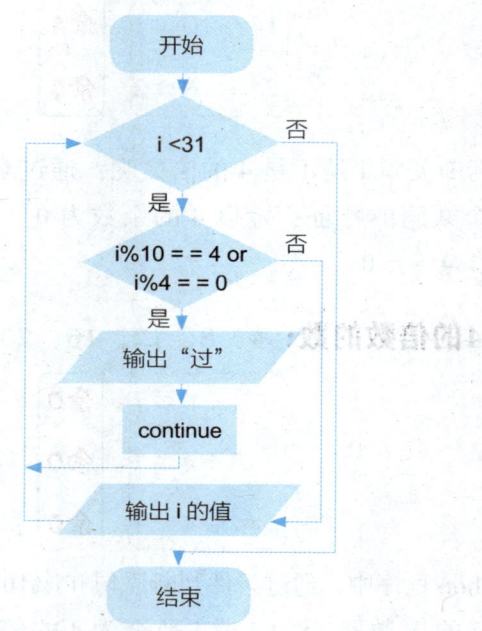

1. 编程实现

文件名 12-1.py 第12课 逢4必过小游戏——循环控制

```
for i in range(1,31):          # 控制外循环执行30次，i的范围为0~30
    if i%10==4 or i%4==0:      # 判断i的尾数是否为4或i是否为4的倍数
        print ("过、",end=" ")  # 输出"过"，不换行
        continue               # 跳出本次循环，i+1
    print(i,"、",end=" ")      # 输出i的值，不换行
```

2. 测试程序

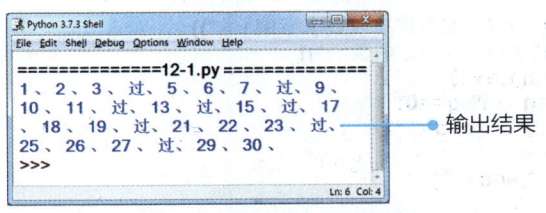
输出结果

3. 答疑解惑

在编写本程序时，要注意下图所示的易错点：循环体内，在判断尾数是否为 4 或是否为 4 的倍数的语句 if i%10 = = 4 or i%4 = = 0: 中，易将关系运算符"or"错写为"and"；跳过本次循环语句 continue 易错写为循环中断语句 break，从而造成 if 条件为真时就结束程序，或漏写 continue 语句，造成碰到满足条件的数时，既输出汉字"过"又输出数字。

```
for i in range(1,31):
    if i%10 = = 4 or i%4 = = 0:
        print ("过",end=" ")
        continue
    print(i,end=" ")
```

易错点 1：
关系运算符"or"易错写为"and"

易错点 2：
continue 易漏写，或错写为 break

continue 语句和 break 语句都是用来控制循环结构的语句。continue 语句的作用是跳过当次循环中剩下的语句，执行下一次循环；break 语句的作用是完全结束一个循环，跳出循环体，执行循环体后面的语句。两者的区别在于，continue 语句只是终止本次循环，接着还会执行后面的循环；break 语句则完全终止循环。

4. 优化程序

将本案例稍做修改，就可以根据给定的游戏数字范围"1 ~ a"和必"过"的数字"g"，实现碰到尾数是"g"，或是"g"的倍数的数时输出"过"。优化后的程序代码与运行结果如下页图所示。

文件名 12-2.py 第12课 逢4必过小游戏——循环控制（优化处理）

```
a=int(input("请输入必"过"游戏数字范围1~"))
g=int(input("请设定必"过"的数："))
for i in range(1,a+1):
    if i%10==g or i%g==0:
        print ("过、",end=" ")
        continue
    print(i,"、",end=" ")
```

```
============12-2.py============
请输入必"过"游戏数字范围1~50
请设定必"过"的数：7
1、2、3、4、5、6、过、8、9、
10、11、12、13、过、15、16、
过、18、19、20、过、22、23、24
、25、26、过、29、30、31、
32、33、34、过、36、过、38、39
、40、41、过、43、44、45、46
、过、48、过、50、
>>>
```

1. continue 语句的用法

在 Python 语言中，continue 语句存在的意义是删除满足循环条件下某些不需要的语句。含有 continue 语句的循环结构流程图如下图所示。

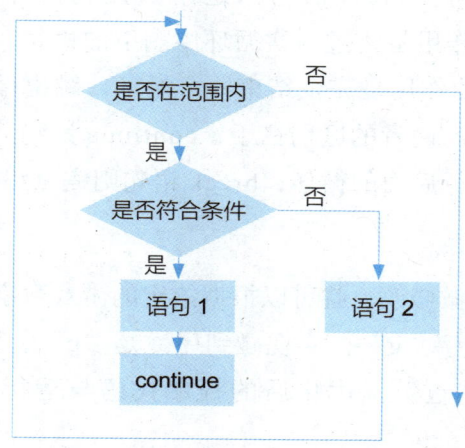

2. break 语句的用法

在 Python 语言中，break 语句用来终止循环语句，即使循环条件没有 false 条件或者循环语句还没被完全执行完，也会停止执行循环语句。含有 break 语句的循环结构流程图如下图所示。

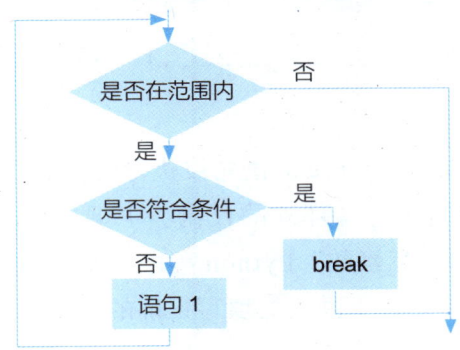

break 语句应用示例如下。

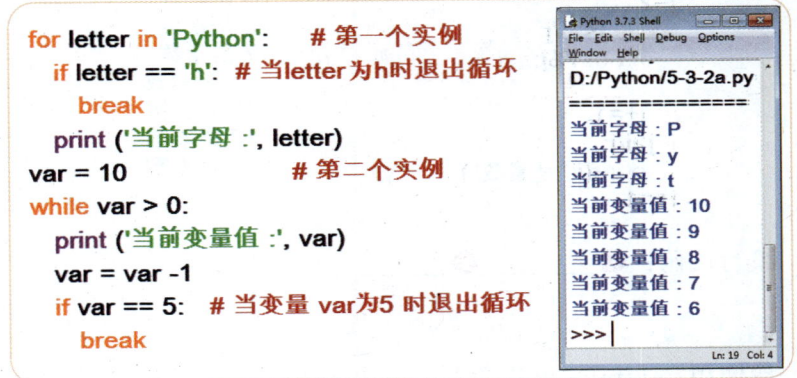

1. 阅读程序写结果

刘小豆分别用 continue 语句和 break 语句编写了一个 Python 程序，如下页图所示。请分别写出它们的运行结果。

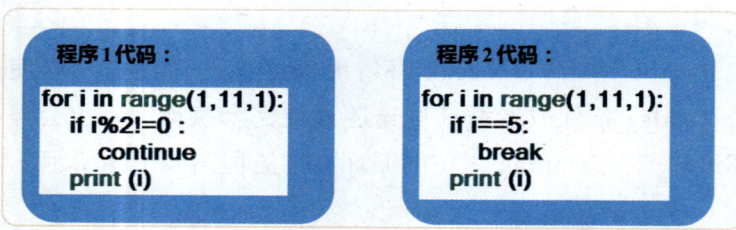

程序 1 运行结果：_____ 程序 2 运行结果：_____

2. 完善程序

在循环嵌套结构中，break 语句被执行时，只是终止内层循环，然后程序接着继续执行循环外的代码。下图所示为刘小豆编写的"找出 20 以内的所有素数"Python 程序，其中有两处代码他不确定，请你帮助刘小豆在下画线处填写正确的代码，完善程序。

```
i=2
while i<   ❶    :
    j=2
    while j<=i/j:
        if not i%j:
            ❷
        j+=1
    if j>i/j:
        print(i,"是素数")
    i+=1
```

2 是素数
3 是素数
5 是素数
7 是素数
11 是素数
13 是素数
17 是素数
19 是素数

填写代码：❶_____ ❷_____

3. 编写程序

请使用 continue 语句编写一个 Python 程序，输出广播操的节拍，如下图所示。

```
1 2 3 4 5 6 7 8
2 2 3 4 5 6 7 8
3 2 3 4 5 6 7 8
4 2 3 4 5 6 7 8
```

第 4 单元　物理课堂

在物理课堂中，我们可以通过编程来处理一些有规律的物理问题。例如，使用内置函数实现摄氏温度与华氏温度的相互转换；编写自定义函数巧妙判断凸透镜成像的结果；应用函数返回参数值求解杠杆平衡的条件。在物理课堂中实践编程，在编程过程中掌握物理知识。

学习内容

- 第 13 课　温度转换换算器——内置函数
- 第 14 课　巧断凸透镜成像——自定义函数
- 第 15 课　杠杆的平衡条件——函数的调用

第 13 课

温度转换换算器
——内置函数

扫一扫，看视频

温度是表示物体冷热程度的物理量。温度只能通过物体随温度变化的某些特性来间接测量。用来度量物体温度数值的标尺叫温标，它规定了温度的读数起点（零点）和基本单位。℃和℉是摄氏温标和华氏温标的温度计量单位。你能编写华氏温度与摄氏温度之间相互转换的 Python 程序吗？

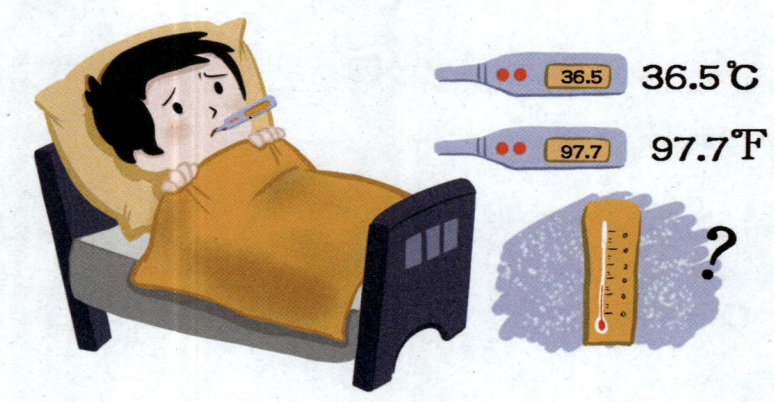

研究室

1. 理解题意

本实例欲将生活中温度计上的华氏温度与摄氏温度进行相互转换。案例中的 36.5℃ 与 97.7°F 实际上是相同的温度，是小男孩体温的两种不同的表示方式。

2. 开动脑筋

根据案例描述，请开动脑筋，思考并回答下面的问题。

问题 1 华氏温度与摄氏温度之间的转换公式是什么？

问题 2 如何通过编程实现上述两种温度的转换？

1. 思路分析

对于本案例，查找资料可以得知华氏温度（℉）与摄氏温度（℃）相互转换的公式如下图所示。

摄氏温度转换为华氏温度的公式：
$$F = C \times 9 \div 5 + 32$$

华氏温度转换为摄氏温度的公式：
$$C = (F - 32) \times 5 \div 9$$

在编号程序时，有时我们需要一些内置函数的帮助。例如，有时不仅需要 input() 输入函数、print() 输出函数，还需要 float() 字符转浮点型函数和 endswith() 字符串结尾判断函数。

2. 算法描述

根据上述思路分析，求解步骤如下。

第 1 步：接收输入的温度数值。

第 2 步：如果条件判断输入数值的最后一位是 c 或 C，则执行摄氏温度转换为华氏温度的公式。

第3步：如果条件判断输入数值的最后一位是 f 或 F，则执行华氏温度转换为摄氏温度的公式。

第4步：如果输入了除二者之外的数值，则给出输入有误的提示。

其算法流程图如下图所示。

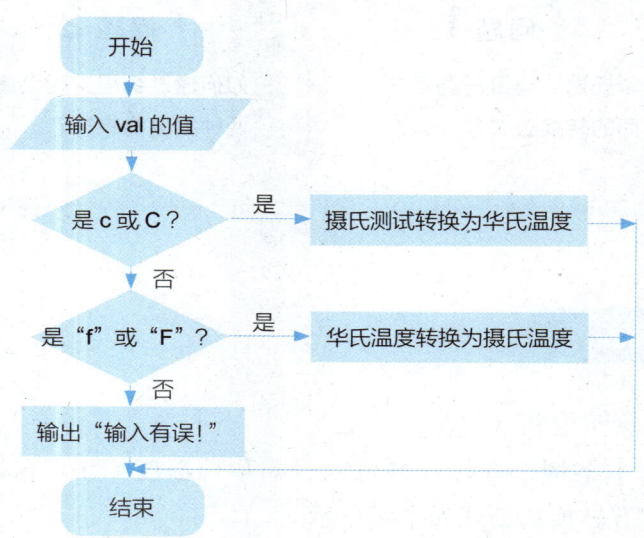

1. 编程实现

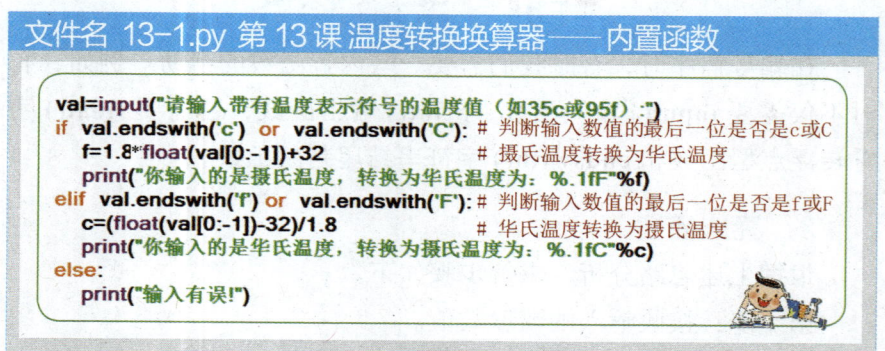

```
val=input("请输入带有温度表示符号的温度值（如35c或95f）:")
if val.endswith('c') or val.endswith('C'):    # 判断输入数值的最后一位是否是c或C
    f=1.8*float(val[0:-1])+32                  # 摄氏温度转换为华氏温度
    print("你输入的是摄氏温度，转换为华氏温度为：%.1fF"%f)
elif val.endswith('f') or val.endswith('F'):  # 判断输入数值的最后一位是否是f或F
    c=(float(val[0:-1])-32)/1.8                # 华氏温度转换为摄氏温度
    print("你输入的是华氏温度，转换为摄氏温度为：%.1fC"%c)
else:
    print("输入有误!")
```

2. 测试程序

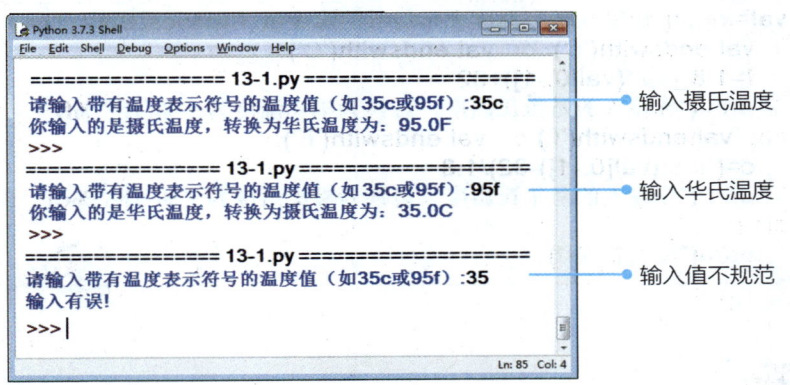

- 输入摄氏温度
- 输入华氏温度
- 输入值不规范

3. 答疑解惑

在编写程序时，要注意下图所示的易错点：val.endswith('c') or val.endswith('C') 表示输入数据的最右边的字母是 c 或 C；float(val[0:-1]) 表示将输入数据除最右边的字母以外的字符转换成浮点型数值；%.1fC"%c 表示按小数点后一位显示变量 c。

```
val=input("请输入带有温度表示符号的温度值（如35c或95f）:")
if  val.endswith('c')  or  val.endswith('C'):    ← 易错点1：没有考虑字母的大小写
    f=1.8*float(val[0:-1])+32
    print("你输入的是摄氏温度，转换为华氏温度为：%.1fF"%f)
elif  val.endswith('f') or  val.endswith('F'):
    c=(float(val[0:-1])-32)/1.8                  ← 易错点2：float()不能处理有字符的数据
    print("你输入的是华氏温度，转换为摄氏温度为：%.1fC"%c)
else:                                            ← 易错点3：输出转换的结果不正确
    print("输入有误!")
```

4. 优化程序

上述程序代码还可以进一步优化，如可以将 if val.endswith('c') or val.endswith('C'): 这条语句优化为 if val[-1] in ['c','C']:，这样可以使程序变得更加简洁。同理也可以将 if_val.endswith('f') or val.endswith('F'): 这条语句优化为 if val[-1] in ['f','F']:，具体修改如下页图所示。

文件名 13-2.py 第13课 温度转换换算器——内置函数（优化处理）

```
val=input("请输入带有温度表示符号的温度值（如35c或95f）:")
if val.endswith('c') or val.endswith('C'):
    f=1.8*float(val[0:-1])+32
    print("你输入的是摄氏温度，转换为华氏温度为：%.1fF"%f)
elif val.endswith('f') or val.endswith('F'):
    c=(float(val[0:-1])-32)/1.8
    print("你输入的是华氏温度，转换为摄氏温度为：%.1fC"%c)
else:
    print("输入有误!")
```

阅览室

1. Python 内置函数的分类

在 Python 中，我们经常会调用内置函数，Python 中提供了 60 多个内置函数。按其功能可分为数学运算、类型转换、序列操作、集合操作、对象操作、对象操作、交互操作、文件操作等类别。

2. Python 内置函数的基本应用

类别	函数名	功能	应用举例
数学运算	abs()	返回数字的绝对值	>>> abs(-100) 100
	pow()	返回以 x 为底，y 为指数的幂	>>>pow(2,4) 16
类型转换	float()	将字符串或数转换为浮点数	>>>float("12") 12.0
	int()	将数值转换为整数类型	>>>int(3.3) 3
序列操作	range()	生成连续有序的列表	>>>a=range(1,5) >>>a [1, 2, 3, 4,]

续表

类别	函数名	功能	应用举例
集合操作	min()	返回集合中的最小值	>>>min(6,3,1,4,5) 1
对象操作	len()	返回对象（字符、列表、元组等）的长度	>>> len('this') 4
交互操作	input()	获取用户的输入	>>>s=input(name:') name: Ain
文件操作	open()	打开文件	>>> a = open('test.txt','rt')

3. Python 内置函数的综合应用

函数名	应用举例	功能

min()
与
print()
	>>> str1 ="unexpected"
	>>> print(min(str1))
	c
		min(str1) 返回字符串 str 中在英文字母表中最靠前的字母

	>>> str1 ="unexpected"
	>>> print(max(str1))
	x
		max(str1) 返回字符串 str 中在英文字母表中最靠后的字母

sum() 与 range()	>>> sum(range(1,101)) 5050	求 1～100 的和
	>>> sum(range(1,101,2)) 2500	求 1～100 内奇数的和

1. 阅读程序写结果

```
tuple4 =(1,3,2,4,5,3)
print(len(tuple4))
print(max(tuple4))
print(min(tuple4))
```

程序运行结果：_____

2. 完善程序

下面程序的作用是求长方体的表面积与体积，请在下画线处填写正确的代码，完善程序。

```
a=float (input("请输入长方体的长a=" ))
b=float (input("请输入长方体的宽b=" ))
h=float (input("请输入长方体的高h="))
s= _____❶
v= _____❷
print("长方体的表面积=", s )
print("长方体的体积=", _____❸ )
```

填写代码：❶_____ ❷_____ ❸_____

3. 编写程序

在物理学中，我们将物体在一段时间内通过的路程与通过这段路程所用的时间的比值称为速度。定义 s、t 两个变量，分别表示输入的路程（单位：km）与时间（单位：t），定义变量 v 为速度，编程求动车的行驶速度 v（单位：km/t）。

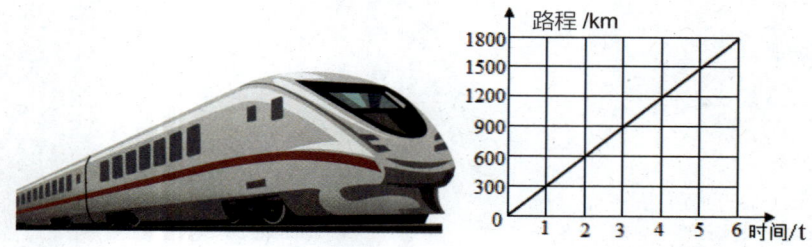

第 14 课

巧断凸透镜成像
——自定义函数

扫一扫，看视频

在 Python 中，除了内置函数外、用户还可以根据需要创建自定义函数。例如，在物理课堂中，我们学习过凸透镜成像原理，知道改变凸透镜与物体间的距离可以得到不同的像。如果能自定义一个函数，设置函数的参数为物距和焦距，这样只要改变参数的大小，函数就能自动返回成像的结果。

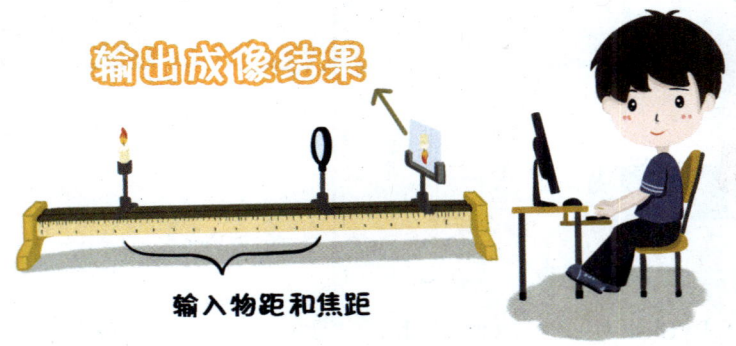

1. 理解题意

凸透镜成像的特点如下页图所示。根据物距与焦距的 5 种位置情况，成像的结果如下页表所示。根据物距变化情况编写一个自定义函数，使该函数具备输入物距与焦距参数后，能自动输出成像结果的功能。

113

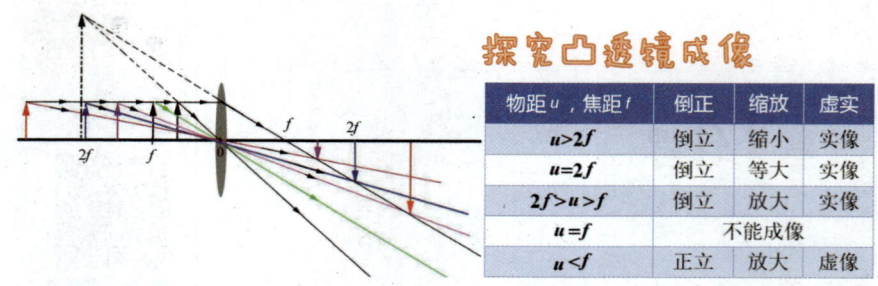

2. 开动脑筋

根据题意，请开动脑筋，思考并回答下面的问题。

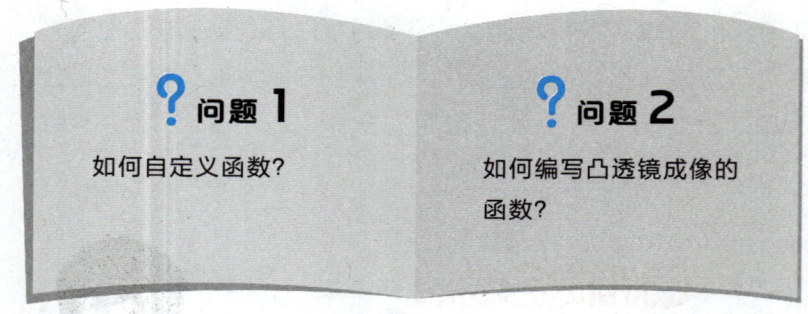

问题 1 如何自定义函数？

问题 2 如何编写凸透镜成像的函数？

1. 思路分析

在 Python 中，可以使用 def 定义一个函数。完整的函数由函数名、参数以及函数实现语句（函数体）组成。在定义函数时，也要通过缩进来表示语句属于函数体。如果函数有返回值，则需要在函数中使用 return 语句返回结果。

定义函数的一般格式如下图所示。

def <函数名>（参数列表）：

  函数体
  return<返回值>

在编写本案例程序时，可自定义函数 def ttjcx(u,f)，其中 u 为物距、f 为焦距，其功能是根据 u 与 f 的关系，判断凸透镜成像的结果。定义好 ttjcx(u,f) 函数后，即可在主程序中像使用内置函数一样直接使用该函数。

2．算法描述

根据上述思路分析，求解步骤如下。

第 1 步：自定义函数 def ttjcx(u,f)。

第 2 步：设置 u>2*f 条件，若满足条件，执行结果 1：jg='成倒立缩小的实像！'语句。

第 3 步：设置 u=2*f 条件，若满足条件，执行结果 2：jg='成倒立等大的实像！'语句。

第 4 步：设置 u>f and u<2*f 条件，若满足条件，执行结果 3：jg='成倒立放大的实像！'语句。

第 5 步：设置 u==f 条件，若满足条件，执行结果 4：jg='不能成像！'语句。

第 6 步：设置 u<f 条件，若满足条件，执行结果 5：jg='成正立放大的虚像！'语句。

第 7 步：输出结果。

第 8 步：设置主程序，接收输入的物距 u 和焦距 f。

第 9 步：调用 ttjcx(u,f) 函数。

其算法流程图如右图所示。

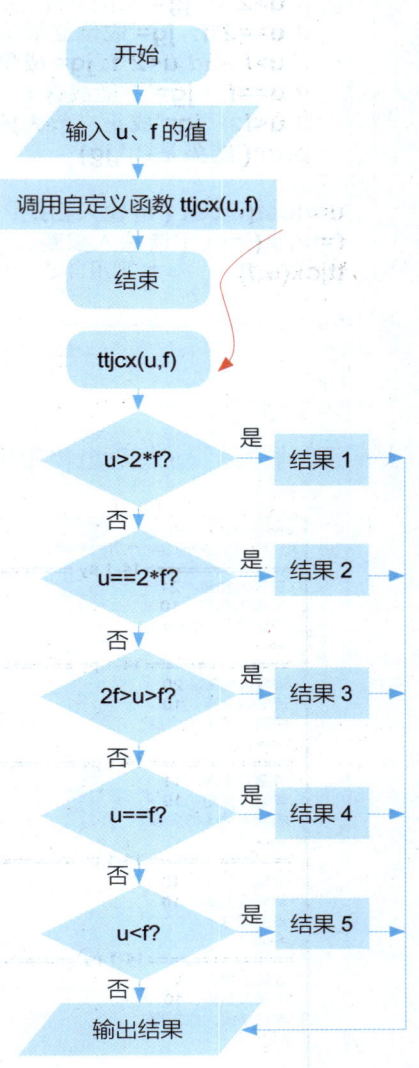

加工坊

1. 编程实现

文件名 14-1.py 第14课 巧断凸透镜成像——自定义函数

```python
def ttjcx(u,f):           # 设置自定义函数
    if u>2*f:   jg='成倒立缩小的实像！'
    if u==2*f:  jg='成倒立等大的实像！'
    if u>f and u<2*f: jg='成倒立放大的实像！'
    if u==f:    jg='不能成像！'
    if u<f:     jg='成正立放大的虚像！'
    print('结果是：',jg)

u=float(input ('请输入物距：'))
f=float(input('请输入焦距：'))
ttjcx(u,f)                # 调用自定义函数
```

2. 测试程序

运行程序，输入几组物距值和焦距值，程序运行结果如下。

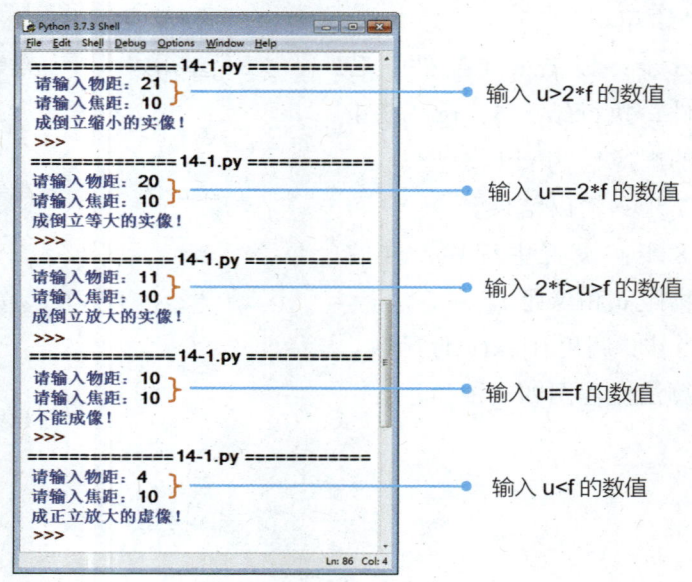

3. 答疑解惑

在编写程序时，要注意下图所示的易错点。

```
def ttjcx(u,f):              ← 易错点1：冒号不能丢
    if u>2*f:   jg='成倒立缩小的实像！'
    if u==2*f:  jg='成倒立等大的实像！'
    if u>f and u<2*f: jg='成倒立放大的实像！'
    if u==f:    jg='不能成像！'
    if u<f:     jg='成正立放大的虚像！'
    print('结果是：',jg)

u=float(input('请输入物距：'))    ← 易错点2：输入的数据要转换为
f=float(input('请输入焦距：'))       浮点数，否则程序运行时会
ttjcx(u,f)                          出错
```

4. 优化程序

上述程序代码还可以进一步优化，引入自定义函数的返回结果 retun(jg)，使程序的编写变得更加简洁。这样就可以在主程序中使用 print(' 结果是：',ttjcx(u,f)) 语句，调用自定义函数的结果，具体修改如下所示。

文件名 14-2.py 第14课 巧断凸透镜成像——自定义函数（优化处理）

```
def ttjcx(u,f):
    if u>2*f:   jg='成倒立缩小的实像！'
    if u==2*f:  jg='成倒立等大的实像！'
    if u>f and u<2*f: jg='成倒立放大的实像！'
    if u==f:    jg='不能成像！'
    if u<f:     jg='成正立放大的虚像！'
    return (jg)                    # 自定义函数返回结果

u=float(input('请输入物距：'))
f=float(input('请输入焦距：'))
print('结果是：',ttjcx(u,f))   # 调用自定义函数
```

①形参与实参

定义函数时用到的参数是形式参数,简称形参,调用函数时用到参数是实际参数,简称实参。

②调用函数

调用函数时需要注意实参列表数量与形参数量相同,参数顺序以及参数数据类型必须保持一致,否则就会出错,无法调用函数。

1. 阅读程序写结果

```python
def lonin(user,passwd):
    if user == "george" and passwd == "123":
        return True
    else:
        return False

ret = lonin('george','13')
if ret:
    print('ok')
else:
    print('no')
```

程序运行结果:_____

2. 修改程序

下页图所示的自定义函数的功能是按从小到大的顺序返回两个值,其中有两处错误,请修改。

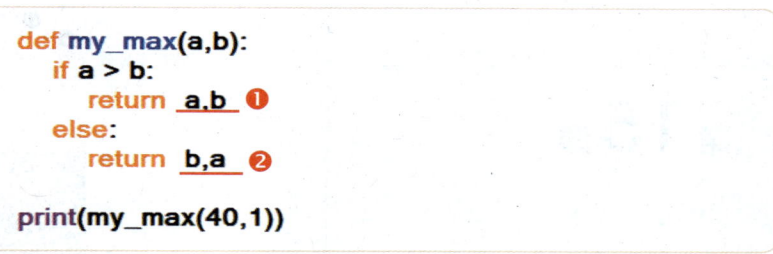

正确代码：❶_____ ❷_____

3. 编写程序

在物理学中，根据密度知识可以鉴别物质、估测物体的体积或一些庞大物体的质量等，如下图所示。请编写一个密度自定义函数，要求输入物体的体积（单位：m^3）和物体的质量（单位：kg）后，程序能输出该物体的密度（单位：kg/m^3）。

一些物质的密度

物质名称	密度 $\rho/（kg·m^{-3}）$	物质名称	密度 $\rho/（kg·m^{-3}）$
锇	22.5×10^3	铝	2.7×10^3
金	19.3×10^3	花岗岩	$(2.6 \sim 2.8) \times 10^3$
铅	11.3×10^3	砖	$(1.4 \sim 2.2) \times 10^3$
银	10.5×10^3	冰	0.9×10^3
铜	8.9×10^3	蜡	0.9×10^3
钢、铁	7.9×10^3	干松木	0.5×10^3

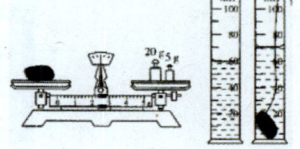

第15课 杠杆的平衡条件——函数的调用

扫一扫，看视频

古希腊科学家阿基米德说过，给他一个支点，他就能撬起整个地球。根据杠杆平衡的条件，我们可以自定义一个判断杠杆平衡的函数。正如下图所示，该函数就像一个"黑匣子"，程序将多个参数传入这个"黑匣子"，该"黑匣子"经过一番计算后返回某个值。

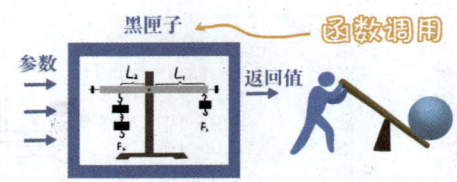

1. 理解题意

当杠杆在动力和阻力的作用下静止时，我们就说此时杠杆处于平衡状态。杠杆平衡的条件如下图所示。

动力 × 动力臂 = 阻力 × 阻力臂
$F_1 \times L_1 = F_2 \times L_2$
杠杆平衡的条件

已知地球质量约为 6×10^{24}kg，并且假设支点距离地球1m，阿基米德给杠杆的最大压力为600N，求：如果阿基米德想撬动地球，至少需要一根约为多少米的轻质杠杆？（计算时 g 取 10N/kg）

解：L1=F2×L2÷F1=6×10^{24}kg×10N/kg×1m÷600N=1×10^{23}m

如果我们自定义一个杠杆平衡函数 ggph(L1,F1,L2,F2)，那么程序就可以根据我们输入的参数值（动力臂、动力、阻力臂、阻力的数值）来判断杠杆是否平衡。如果输入的参数值不能满足杠杆平衡条件，则该函数返回其中某个参数值，即在保证其他参数不变的前提下，只改变这个返回参数，就可保证杠杆平衡。

2．开动脑筋

根据题目描述，请开动脑筋，思考并回答下面的问题。

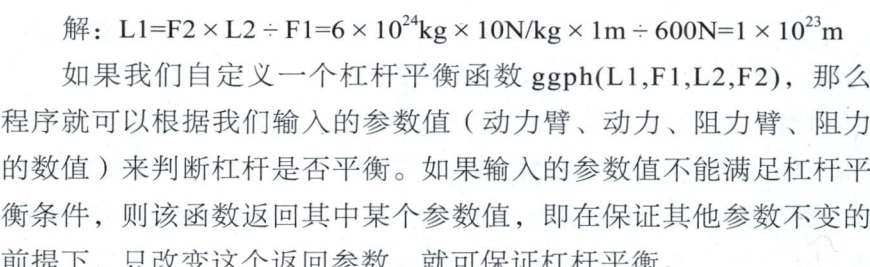

问题 1
自定义函数"黑匣子"的内部如何设置？

问题 2
如何调用自定义函数的输入参数与返回值？

1．思路分析

杠杆平衡自定义函数 ggph()，其输入参数为 L1、F1、L2、F2，返回值为 L1，如下图所示。

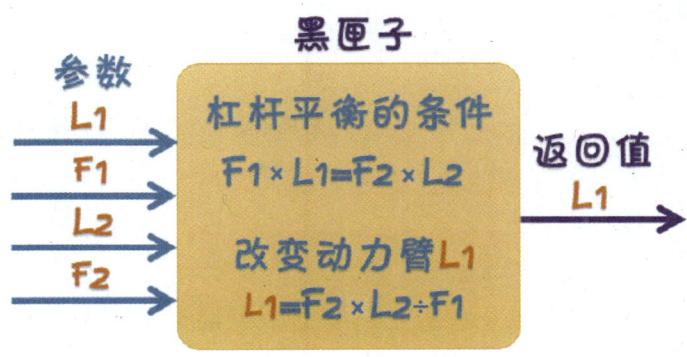

在编程时，主程序可以接收 L1、F1、L2、F2 这 4 个变量任意的输入值，然后调用 ggph(L1,F1,L2,F2) 函数。如果输入的参数满足 F1*L1=F2*L2 条件，即输出杠杆平衡。如果输入的参数不满足 F1*L1=F2*L2 条件，则输出杠杆不平衡，并给出 L1=F2*L2/F1 的值，然后返回。只要改变该动力臂的值，在其他参数不变的情况下，杠杆将保持平衡。

2．算法描述

根据上述思路分析，求解步骤如下。

第 1 步：自定义函数 ggph(L1,F1,L2,F2)。

第 2 步：判断 F1*L1==F2*L2 条件，满足条件，即杠杆保持平衡。

第 3 步：不满足条件，即杠杆不平衡，给出 L1=L2*F2/F1 的值。

第 4 步：返回 return (L1)。

第 5 步：输入 L1、F1、L2、F2 的值。

第 6 步：调用自定义函数 ggph(L1,F1,L2,F2)。

第 7 步：L1= ggph(L1,F1,L2,F2) 函数的返回值。

第 8 步：输出杠杆平衡：F1*L1=F2*L2。

其算法流程图如右图所示。

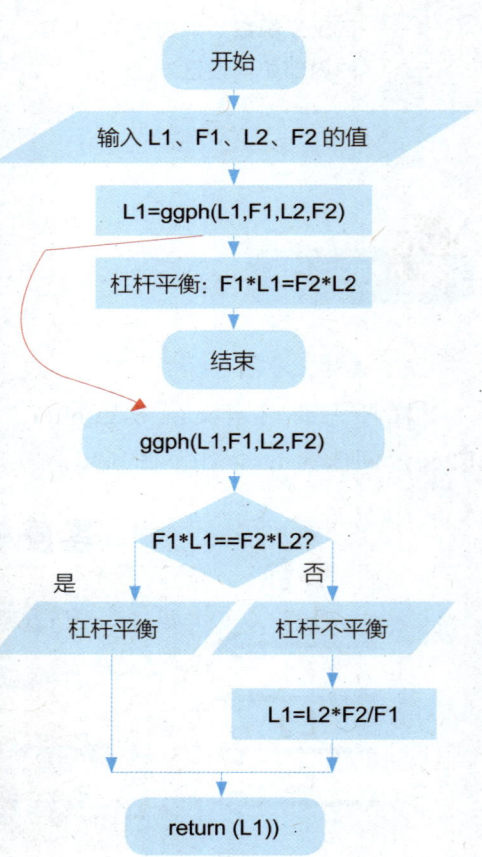

 加工坊

1. 编程实现

文件名 15-1.py 第15课 杠杆的平衡条件——函数的调用

```python
def ggph(L1,F1,L2,F2):              # 设置自定义函数与参数
    if F1*L1==F2*L2:
        print('根据输入的参数,可以让杠杆保持平衡!')
    else:
        print('根据输入的参数,杠杆是不平衡的!')
        L1=L2*F2/F1
        print('若要平衡,可改变动力臂 为%.1fm。'%L1)
    return (L1)                     # 函数返回值 L1

L1=float(input('请输入动力臂(单位: m): '))
L2=float(input('请输入阻力臂(单位: m): '))
F1=float(input('请输入动力(单位: N): '))
F2=float(input('请输入阻力(单位: N): '))
L1=ggph(L1,F1,L2,F2)                # 调用自定义函数
print('杠杆平衡: F1*L1=F2*L2')
print('%.1fN'%F1,'*%.1fm'%L1,'=%.1fN'%F2,'*=%.1fm'%L2)
```

2. 测试程序

运行程序,依次输入参数值,测试程序返回的结果,如下图所示。

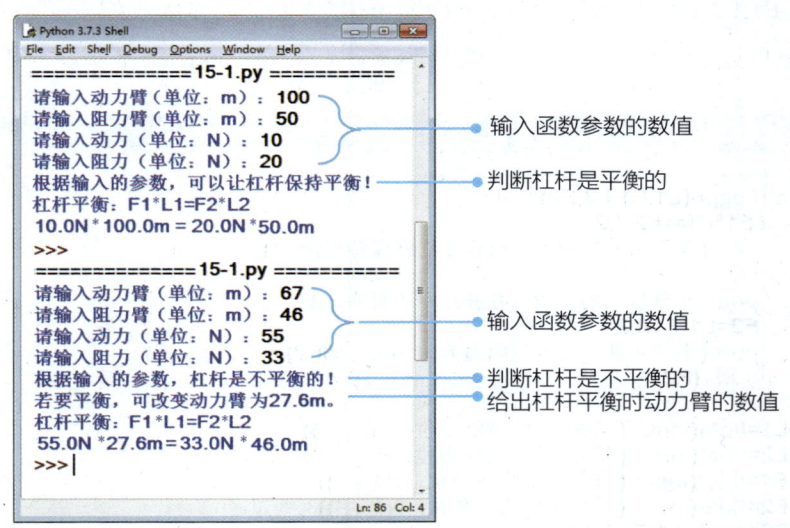

输入函数参数的数值
判断杠杆是平衡的

输入函数参数的数值
判断杠杆是不平衡的
给出杠杆平衡时动力臂的数值

3. 答疑解惑

在编写程序时,要注意下页图所示的易错点。

```
def ggph(L1,F1,L2,F2):
    if L1*F1==L2*F2:
        print('根据输入的参数,可以让杠杆保持平衡!')
    else:
        print('根据输入的参数,杠杆是不平衡的!')
        L1=L2*F2/F1
        print('若要平衡,可改变动力臂为%.1fm。'%L1)
    return (L1)
L1=float(input ('请输入动力臂(单位:m):'))
L2=float(input ('请输入阻力臂(单位:m):'))
F1=float(input ('请输入动力(单位:N):'))
F2=float(input ('请输入阻力(单位:N):'))
L1=ggph(L1,F1,L2,F2)
print('杠杆平衡: F1*L1= F2*L2')
print('*%.1fN'%F1,'%.1fm'%L1,'='*%.1fN'%F2, '%.1fm'%L2)
```

易错点 1:多个参数之间应用逗号分隔

易错点 2:return 语句要与 if 语句对齐,否则程序会出错

易错点 3:赋值的同时也可以调用函数

易错点 4:注意格式化输出的写法

4．优化程序

为了使杠杆平衡,可根据具体问题的需求,借助 3 个已知的参数,计算出另一个参数。例如可将 L1=L2*F2/F1 代码改为 F2=L1*F1/L2,并修改返回阻力参数的代码 return (F1)。最后修改 F2=ggph(L1,F1,L2,F2),即可实现程序输出不同的结果,具体修改如下图所示。你也可以试着修改杠杆平衡的其他参数,实现不同的程序功能需求。

文件名 15-2.py 第 15 课 杠杆的平衡条件——函数的调用(优化处理)

```
def ggph(L1,F1,L2,F2):
    if F1*L1==F2*L2:
        print('根据输入的参数,可以让杠杆保持平衡!')
    else:
        print('根据输入的参数,杠杆是不平衡的!')
        F2=L1*F1/L2                              # 改为求阻力的值
        print('若要平衡,可改变阻力为%.1fN。'%F2)  # 输出阻力值
    return (F2)
L1=float(input ('请输入动力臂(单位:m):'))
L2=float(input ('请输入阻力臂(单位:m):'))
F1=float(input ('请输入动力(单位:N):'))
F2=float(input ('请输入阻力(单位:N):'))
F2=ggph(L1,F1,L2,F2)                             # 函数返回值为 F2
print('杠杆平衡: F1*L1=F2*L2')
print('*%.1fN'%F1,'%.1fm'%L1,'*%.1fN'%F2,'=%.1fm'%L2)
```

阅览室

1. 函数的调用

调用函数时，程序会执行函数体的代码，直到遇到 return 语句或者一直执行完所有的代码才结束。调用函数一般有以下 3 种方式。

● 方式 1：直接调用函数。

```python
def max_def(x,y):
    if x > y:
        return x
    else:
        return y

max_def(1,2)    # 直接调用 max-def() 函数
```

● 方式 2：赋值调用函数，还可让函数参与表达式计算。

```python
res=max_def(3000,2000) * 12    # 通过赋值调用 max_def() 函数
print(res)
```

● 方式 3：函数自己调用自己。

```python
res=max_def(max_def(1000,2000),3000)    # max_def() 函数自己调用自己
print(res)
```

2. Python 数学函数标准库

在 Python 中，除了内置函数与自定义函数以外，还有一些标准函数库，如数学函数库。数学函数库不是 Python 默认的，如果要使用该函数库，需要先执行 import math() 命令将其引入。

函数	功能	应用举例
math.sin()	求 sin 值	>>> math.sin(3.14/6) 0.4997701026431024
math.pi	求 pi 值	>>> math.pi 3.141592653589793
math.pow(n,m)	求 n 的 m 次方的值	>>> math.pow(2,10) 1024.0

1. 阅读程序写结果

下面这段程序代码的功能是输入 3 个数值,输出这 3 个数进行大小比较后的判断结果。请写出程序的运行结果。

```python
def bdx(a,b,c):
    if a>b:
        if b>c:
            print('a>b>c')
        else:
            if a>c:
                print('a>c>b')
            else:
                print('c>a>b')
    else :
        if b<c:
            print('c>b>a')
        else:
            if c>a:
                print('b>c>a')
            else:
                print('b>a>c')
bdx(1,2,3)
bdx(2,1,3)
```

程序运行结果:_____

2. 修改程序

求一元二次方程的解,可自定义函数 quadratic(a,b,c)。输入 3

个参数 a、b、c，求出一元二次方程 $ax^2+bx+c=0$ 的解，程序代码如下图所示，其中有两处错误，请改正。

```python
import math
import cmath

def quadratic(a,b,c):
    delta = b*b-4*a*c
    if a == 0:
        print('该方程仅有一个根')
        x=-c/b
        return x
    elif delta > 0:
        print('该方程有两个不同的根')
        x1=(-b+math.sqrt(delta))/(2*a)
        x2=(-b-math.sqrt(delta))/(2*a)
        return x ❶
    elif delta < 0:
        print('该方程有复数根')
        x1=(-b+cmath.sqrt(delta))/(2*a)
        x2=(-b-cmath.sqrt(delta))/(2*a)
        return x ❷
    else:
        print('该方程有两个相同的根')
        x1=x2=-b/(2*a)
        return x1,x2

quadratic(1,2,1)
```

正确代码： ❶_____ ❷_____

3. 编写程序

在物理学中，我们把物体所受的压力与受力面积的比叫作压强。压强的计算公式为 $p=F/S$，其中 p 为压强（单位：Pa 或 N/m^2），F 为压力（单位：N），S 为受力面积（单位：m^2）。请编写一个程序，并自定义函数 pressure(F,S)，根据输入的 F、S 的数值，返回 p 的值。

第 5 单元　化学课堂

化学是一门以实验为基础的学科。我们在做化学实验时，一般会将同一类型的实验器材和药品分类、有序地摆放在实验台上。而在 Python 中，我们通常使用列表、元组、字典等集中存储相关联的数据。本单元我们就来看看当 Python 遇见化学会发生什么有趣的故事吧！

学习内容

- 第 16 课　化学仪器巧分类——列表
- 第 17 课　小小元素周期表——元组
- 第 18 课　酸碱报告速整理——字典

第 16 课

化学仪器巧分类
——列表

扫一扫，看视频

在做化学实验时，经常会用到化学仪器。根据用途的不同，化学仪器有着不同的使用要求。例如，有很多仪器在实验中起加热的作用，但是这些仪器有些可以直接加热，有些则需要间接加热；有的用于固体加热，有的则用于液体加热。掌握正确的化学仪器使用方法是安全进行化学实验的根本。你能编写一个 Python 程序，对各类化学加热仪器进行分类存储，并可方便地查询、添加或删除仪器吗？

研究室

1. 理解题意

对于给定的化学仪器，我们首先要对它们进行正确分类，然后

129

定义变量将同种类型的仪器存储到一起，以便快速查询。下图所示的分类有两个错误：一是锥形瓶属于只能间接加热的仪器，二是可用于液体加热的仪器中的第2个试管应该是烧杯。这些分类错误需要我们编写程序来修改。

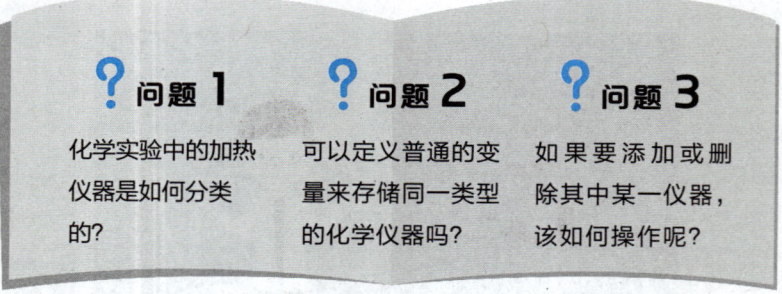

2. 开动脑筋

根据案例描述，请开动脑筋，思考并回答下面的问题。

问题1 化学实验中的加热仪器是如何分类的？

问题2 可以定义普通的变量来存储同一类型的化学仪器吗？

问题3 如果要添加或删除其中某一仪器，该如何操作呢？

规划院

1. 思路分析

通过查阅资料，我们可以对化学实验中的加热仪器进行正确分类，如下页图所示。使用之前我们学过的变量无法存储这些信息，因此，我们需要用一种新的方式来存储这一系列的字符串（仪器名称）。这也是本课要学习的知识——列表。列表可以用来存储多个元素，而且查找起来一目了然，修改、添加、删除也很方便。

在设计程序时，我们要先定义几个列表 direct、indirect、solid、liquid，分别用于存储各类仪器。其中，direct 列表用来存储可直接加热的仪器；indirect 列表用来存储只能间接加热的仪器；solid 列表用来存储可用于固体加热的仪器；liquid 列表用来存储可用于液体加热的仪器。

同时，我们还需要一些内置的函数与方法来配合实现程序的功能，如需要使用方法 remove() 来移除对象、方法 append() 来添加对象，还需要使用函数 len() 来获取列表中元素的个数。

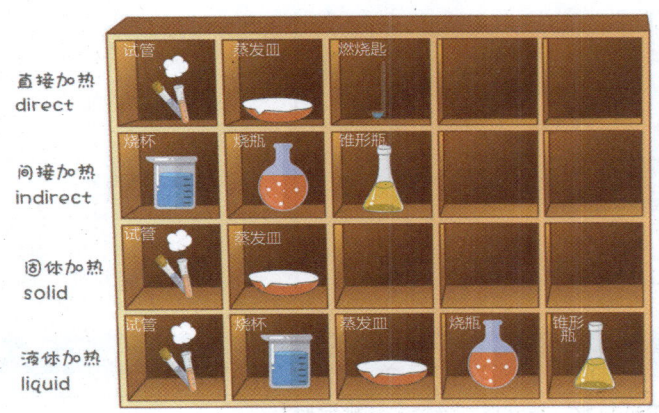

2. 算法描述

根据上述思路分析，求解步骤如下。

第 1 步：创建 4 个列表。

第 2 步：从可直接加热的化学仪器列表 direct 中删除错误的仪器"锥形瓶"。

第 3 步：在只能间接加热的化学仪器列表 indirect 中添加"锥形瓶"。

第 4 步：将可用于液体加热的化学仪器列表 liquid 中的第 2 个元素修改为"烧杯"。

第 5 步：输出可用于固体加热的化学仪器列表 solid。

其算法流程图如下页图所示。

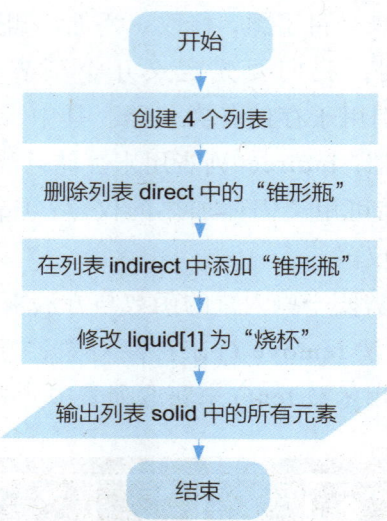

1. 编程实现

文件名 16-1.py 第 16 课 化学仪器巧分类——列表

```
direct=['试管','蒸发皿','燃烧匙','锥形瓶']
indirect=['烧杯','烧瓶']
solid=['试管','蒸发皿']         # 创建 4 个列表
liquid=['试管','试管','蒸发皿','烧瓶','锥形瓶']

direct.remove('锥形瓶')         # 删除 direct 列表中的最后一个元素
print('可直接加热的仪器（修改后）：')
print(direct)

indirect.append('锥形瓶')       # 在 indirect 列表最后添加一个元素
print('只能间接加热的仪器（修改后）：')
print(indirect)

liquid[1]=                      # 通过下标引用并修改元素
print('可用于液体加热的仪器（修改后）：')
print(liquid)

print('可用于固体加热的仪器：')  # 遍历并输出 solid 列表中的所有元素
for i in range(len(solid)):
    print(solid[i])
```

2. 测试程序

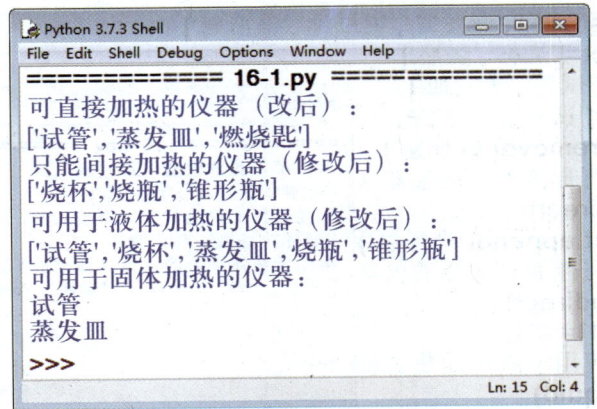

3. 答疑解惑

在编写程序时，要注意下图所示的易错点。

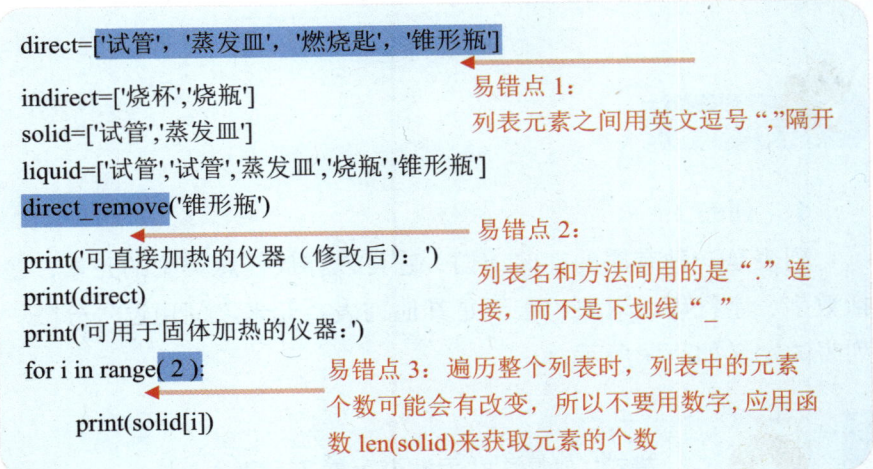

4. 优化程序

观察程序的测试结果，可以发现用语句 print(direct) 输出时，列表中的所有元素会被方括号"[]"括起来显示。而在程序的最后，用循环遍历输出 solid 列表中的所有元素时，虽然没有了方括号，但是每个元素会在单独一行中显示。这里的程序代码可以进一步优化，使列表元素在一行中显示，具体修改如下页图所示。

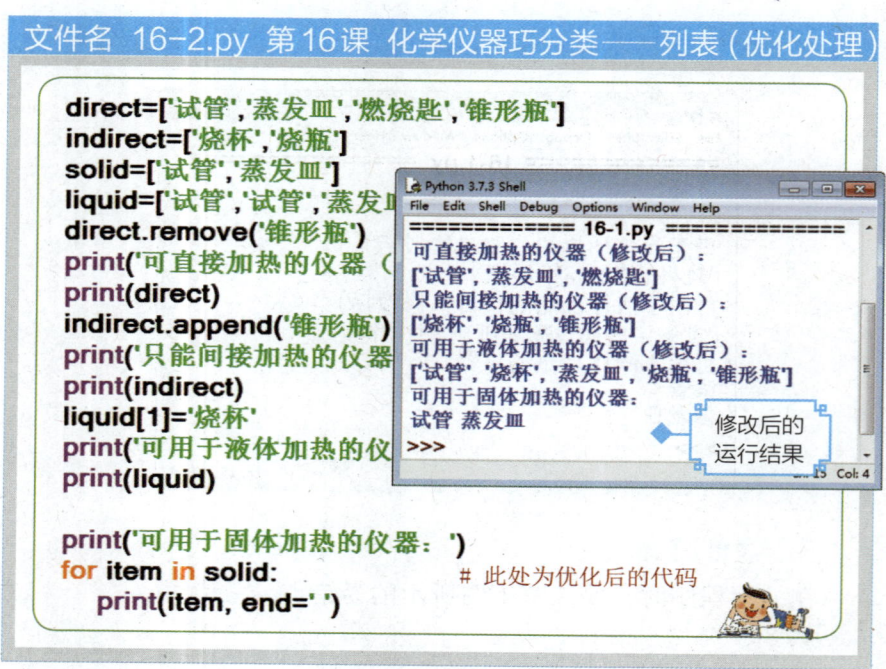

1. 列表

列表是一种有序的存储结构，它可以存放任意类型的元素，包括数字、字符串、对象，甚至是其他列表。元素之间用逗号分隔。列表的定义如下图所示。

格式：列表名 =[元素1,元素2,元素3,…]
例如：schedule=('Chinese','English','Math','history',' biology')

2. 列表索引

列表中每个元素都有一个索引，用来表示元素在列表中的位置。通过索引可以获取、修改、截取或删除列表中的元素。列表的索引方式和字符串的一样，即有正向索引和反向索引之分。例如，如果用 i 来表示索引编号，正向索引时，i 自左向右，编号从 0 开始，"列表名 [i]"就表示访问列表中第 i+1 个位置的元素；反向索引时，i 自右向左，编号从 -1 开始。在下图所示的列表中，"liquid[1]"和"liquid[-4]"都表示访问列表 liquid 中的第 2 个元素"烧杯"。

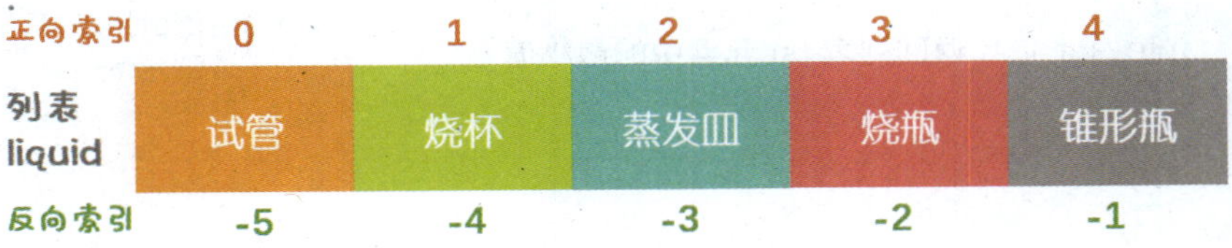

正向索引	0	1	2	3	4
列表 liquid	试管	烧杯	蒸发皿	烧瓶	锥形瓶
反向索引	-5	-4	-3	-2	-1

3．列表切片

在 Python 中，当要同时获取列表中的多个元素时，需要使用列表切片。下面以列表 colour=['blue', 'red','green', 'yellow', 'pink'] 为例，介绍使用列表切片获取列表元素的方法，具体如下表所示。

表达式	运算结果	说明
colour[1]	'red'	获取列表中的第 2 个元素
colour[-1]	'pink'	获取列表中的最后一个元素
colour[1:3]	['red','green']	获取列表中的第 2 个至第 3 个元素
colour[2:]	['green','yellow','pink']	获取列表中的第 3 个至最后一个元素
colour[:2]	['blue','red']	获取列表中的第 1 个至第 2 个元素

4．列表函数

Python 中常用的内置列表函数有 len()、max() 和 min()。下面以列表 lst=[41,22,13,24,5] 为例，介绍列表函数的具体使用方法，如下页表所示。

内置列表函数	功能	应用举例
len(lst)	返回列表 lst 的长度	>>>len(lst) 5
max(lst)	返回列表 lst 元素中的最大值	>>>max(lst) 41
min(lst)	返回列表 lst 元素中的最小值	>>> min(lst) 5

5. 列表方法

除了列表函数之外，Python 中还包含 list.append()、list.count()、list.remove() 和 list.clear() 等列表方法，应用这些方法可对列表进行添加、统计、删除、清空等操作。下面以列表 letter=['a', 'b', 'c', 'd', 'a'] 为例，介绍列表方法的具体功能如下表所示。

方法	功能	应用举例

list.append()	在列表末尾添加新的元素	>>> letter.append('e')
		>>> print(letter)
		['a', 'b', 'c', 'd', 'a', 'e']

list.count()	统计某个元素在列表中出现的次数	>>> letter.count('a') 2

list.remove()	删除列表中的某个元素	>>> letter.remove('b')
		>>> print(letter)
		['a', 'c', 'd', 'a']

list.clear()	清空列表	>>> letter.clear() >>>print(letter) []

1. 阅读程序写结果

```
num=[2,4,6,8,10]
print(num[1])
print(num[2:4])
print(num[-3])
print(num[-5:-3])
```

程序运行结果：
_____
_____
_____
_____

2. 完善程序

歌唱比赛中，参赛选手的得分计算规则是去掉一个最高分和一个最低分后取平均分。李华同学编写了如下程序代码以实现此功能，请在下画线处填写正确的代码，完善程序。

```
score = [91, 83, 82, 88, 77, 95]
a= _____❶
b= _____❷
print('去掉一个最高分', a)
score.remove(a)
print('去掉一个最低分', b)
score.remove(b)
average=sum(score)/_____❸
print('最终得分是：',average)
```

填写代码：❶_____ ❷_____ ❸_____

3. 编写程序

使用所学的列表知识编写一个 Python 程序，将输入的 n 个数按照从小到大的顺序输出。

第 17 课 小小元素周期表 ——元组

扫一扫，看视频

我们的世界中存在着形形色色的不同物质，它们之间又有着千丝万缕的联系。例如，我们熟悉的氧气和水，虽然二者的形态和性质不同，但是它们都含有相同的组成元素——氧元素。学习了化学之后，我们知道世界是由各种元素组成的，将这些元素有序排列后，就形成了元素周期表。元素周期表是学习化学的重要工具。你知道元素周期表中有哪些元素吗？下面就让我们来编写一个 Python 小程序，以便在我们需要的时候可以随时查询元素周期表中元素的名称或符号。

研究室

1. 理解题意

元素周期表对于化学学习非常重要，但是其中的一百多种元素的名称和符号很难记忆，本实例欲选择合适的数据结构存储这些元素的名称和符号，并且可以根据输入的元素名称（或符号）来查找其对应的元素符号（或名称）。

2. 开动脑筋

本案例中，需要根据输入的元素名称（或符号）来查找对应的元素符号（或名称）。编程实现之前，请开动脑筋，思考并回答下面的问题。

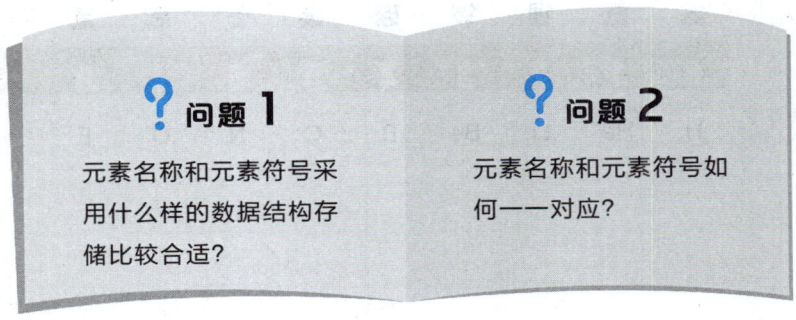

问题 1 元素名称和元素符号采用什么样的数据结构存储比较合适？

问题 2 元素名称和元素符号如何一一对应？

1. 思路分析

元素周期表是按照元素的原子核电荷数递增的顺序进行编号的，而且元素的相关信息（如它们在周期表中的位置、元素符号、元素名称等）是固定不变的，因此，我们用元组这个数据结构来存储它们比较合适。

元组是由简单的对象构成的，它与第 16 课所学的列表类似，不同之处在于元组中定义的元素不能被修改。这种不可变性可以确保元组在程序中不会被修改，故常用于处理一些具有固定关系的问题。

元素周期表中，每个元素包含的信息有原子序数（编号）、元素名称、元素符号 3 个信息。故我们可以定义两个元组，其中一个元组 name 用于存储元素名称，另一个元组 symbol 用于存储元素符号。元组的索引对应着元素的编号，即元组索引值 +1= 元素编号。元组同列表一样，索引从 0 开始，即 name[0] 和 symbol[0] 对应元素周期表中的第一个元素，name[1] 和 symbol[1] 对应元素周期表中的第 2 个元素，以此类推。

程序在运行过程中会根据输入的元素名称查找它在元组 name 中的索引值，通过索引值就可以直接在元组 symbol 中找到对应的元素符号。

元素名称 name	氢	氦	锂	铍	硼	碳	氮	氧	氟	……
索引	0	1	2	3	4	5	6	7	8	……
元素符号 symbol	H	He	Li	Be	B	C	N	O	F	……

2. 算法描述

根据上述思路分析，求解步骤如下。

第 1 步：创建用于存储元素名称和元素符号的两个元组 name 和 symbol。

第 2 步：输入要查询的元素。

第 3 步：如果输入的是元素符号，则在 symbol 元组中查找其索引值 index。

第 4 步：在 name 元组中查找 index 对应的元素名称并输出。

第 5 步：如果输入的是元素名称，则在 name 元组中查找其索引值 index。

第 6 步：在 symbol 元组中查找 index 对应的元素符号并输出。

第 7 步：否则输出"查找不到此元素"。

以上的求解过程包含多次选择判断，其算法流程图如下图所示。

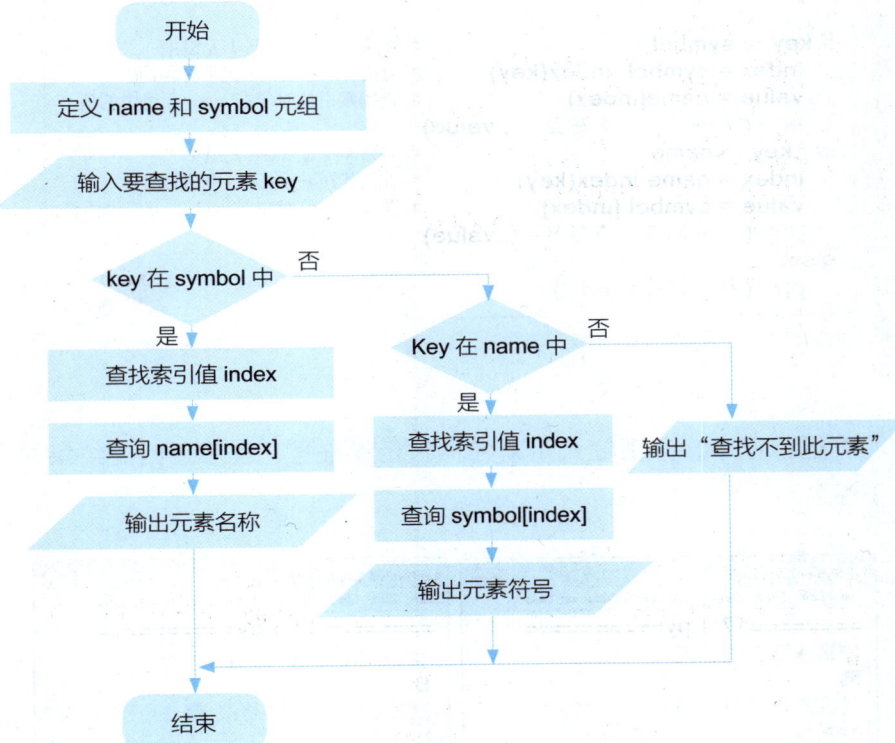

1. 编程实现

文件名 17-1.py 第 17 课 小小元素周期表——元组

```python
symbol = ('H', 'He', 'Li', 'Be', 'B', 'C', 'N', 'O', 'F', 'Ne', 'Na', 'Mg', 'Al', 'Si', 'P', 'S', 'Cl', 'Ar',
          'K', 'Ca', 'Sc', 'Ti', 'V', 'Cr', 'Mn', 'Fe', 'Co', 'Ni', 'Cu', 'Zn', 'Ga', 'Ge', 'As', 'Se', 'Br',
          'Kr', 'Rb', 'Sr', 'Y', 'Zr', 'Nb', 'Mo', 'Tc', 'Ru', 'Rh', 'Pd', 'Ag', 'Cd', 'In', 'Sn', 'Sb', 'Te',
          'I', 'Xe', 'Cs', 'Ba', 'La', 'Ce', 'Pr', 'Nd', 'Pm', 'Sm', 'Eu', 'Gd', 'Tb', 'Dy', 'Ho', 'Er', 'Tm',
          'Yb', 'Lu', 'Hf', 'Ta', 'W', 'Re', 'Os', 'Ir', 'Pt', 'Au', 'Hg', 'Tl', 'Pb', 'Bi', 'Po', 'At', 'Rn',
          'Fr', 'Ra', 'Ac', 'Th', 'Pa', 'U', 'Np', 'Pu', 'Am', 'Cm', 'Bk', 'Cf', 'Es', 'Fm', 'Md', 'No', 'Lr')

name = ('氢', '氦', '锂', '铍', '硼', '碳', '氮', '氧', '氟', '氖', '钠', '镁', '铝', '硅', '磷', '硫',
        '氯', '氩', '钾', '钙', '钪', '钛', '钒', '铬', '锰', '铁', '钴', '镍', '铜', '锌', '镓', '锗',
        '砷', '硒', '溴', '氪', '铷', '锶', '钇', '锆', '铌', '钼', '锝', '钌', '铑', '钯', '银', '镉',
        '铟', '锡', '锑', '碲', '碘', '氙', '铯', '钡', '镧', '铈', '镨', '钕', '钷', '钐', '铕', '钆',
        '铽', '镝', '钬', '铒', '铥', '镱', '镥', '铪', '钽', '钨', '铼', '锇', '铱', '铂', '金', '汞',
        '铊', '铅', '铋', '钋', '砹', '氡', '钫', '镭', '锕', '钍', '镤', '铀', '镎', '钚', '镅', '锔',
        '锫', '锎', '锿', '镄', '钔', '锘', '铹')

print('请输入要查询的元素：')
key = input()

if key in symbol:                        # 如果 key 在 symbol 元组中
    index = symbol.index(key)            # 查找其在 symbol 元组中的索引值
    value = name[index]                  # 查找索引值对应在 name 元组中的值
    print('对应的中文名称是：', value)
elif key in name:                        # 如果 key 在 name 元组中
    index = name.index(key)              # 查找其在 name 元组中的索引值
    value = symbol[index]                # 查找索引值对应在 symbol 元组中的值
    print('对应的英文符号是：', value)
else:
    print('找不到此元素！')
```

2. 测试程序

运行程序，分别输入元素名称和元素符号，程序返回的结果如下图所示。

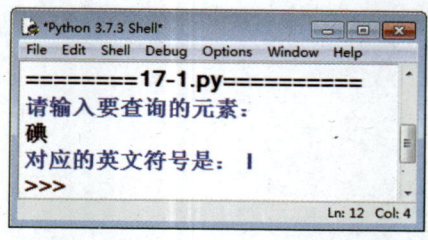
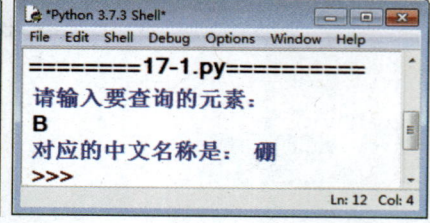

3. 答疑解惑

在编写程序时，有几点要注意：一是使用了 in 运算符来判断要查找的元素是否在元组中，这个用法和列表相同，如 key in symbol 语句，表示如果 key 在 symbol 元组中，程序返回 True，否则返回 False；二是使用了元组的 index() 方法，该方法用于在找出该元素在元组中的索引，如 index = symbol .index(key) 语句，表示从 symbol 元组中查找与 key 相同的第 1 个元素的索引，并赋给变量 index；三是通过索引直接访问元组中的某个值，如 value = name[index] 语句，表示直接将 name 元组中索引为 index 的数据赋给变量 value。

4. 优化程序

上述程序用两个元组分别存储化学元素的名称和符号，通过索引来查找对应的名称和符号。这样的程序要求两个元组中的元素位置严格对应，容易出错，且元素序号隐含在索引中，不够直观。因此，可以将元素的序号、名称和符号定义为一个元组，然后再定义一个二维元组 total，用来存储每个元素。以周期表中前 6 个化学元素为例，total=(('1', 'H',' 氢 '),('2','He',' 氦 '),('3','Li',' 锂 '),('4','Be',' 铍 '),('5','B',' 硼 '),('6','C',' 碳)')，修改后的程序如下图所示。这样的程序更加直观易读，无论输入的是元素的序号、名称还是符号，都可以快速查找并输出其他相应信息。

文件名 17-2.py 第 17 课 小小元素周期表——元组（优化处理）

```
total = (('1', 'H', '氢'), ('2', 'He', '氦'), ('3', 'Li', '锂'),
        ('4', 'Be', '铍'), ('5', 'B', '硼'), ('6', 'C', '碳'))

print('请输入要查询的元素：')
key = input()

find=False
for tripleItem in total :            # 遍历整个元组，查找 key
    if key in tripleItem:
        print('{}号元素{}, 对应的中文名称是"{}"。\
              .format(tripleItem[0],tripleItem[1],tripleItem[2]))
        find=True
        break                         # 格式化输出
if not find:
    print('找不到此元素！')
```

 阅览室

1. 元组

在 Python 中，元组和列表一样，可以存放任何类型的数据。创建元组时使用 ()，而不是 []，其中的元素用逗号分隔。空元组用 () 来表示；对于只包含一个元素的元组，则用 (x,) 来表示。元组和列表最大的区别是，元组一旦被创建，其中的元素就不可以再被更改。因此，适用于列表的排序、替换、添加等方法，在元组中都不能使用。

 格式： 元组名 =(元素 1, 元素 2, 元素 3, …)
例如： week=('Mon.','Tues.','Wed.','Thur.','Fri.','Sat.','Sun.')

2. 元组运算符

元组和列表一样，可以进行运算操作，如元组的组合、复制，以及查找元素是否存在于元组中等。

运算符	表达式	结果	描述
+	('a','b','c')+('d','e')	('a','b','c','d','e')	连接两个元组
*	('DT',)*3	('DT','DT','DT')	复制元组
in	8 in (8,16,32,64)	True	查找元素 8 是否存在于元组中

3. 元组内置函数

定义元组 tup=(1,2,3,4,5,6)、列表 letter=['p', 'y', 't', 'h', 'o', 'n']，常见的元组内置函数的使用方法如下页表所示。

示例	结果	描述
len(tup)	6	返回元组的长度
max(tup)	6	返回元组中最大的元素值
min(tup)	1	返回元组中最小的元素值
tuple(letter)	('p','y','t','h','o','n')	将列表转换为元组

创新园

1. 阅读程序写结果

```
product = (
    ('handset',2000),
    ('book',150),
    ('bike', 1000),
    ('pen', 30),
)
print(product[1])
print(product[1:3])
print(product[-2])
```

程序运行结果：

2. 完善程序

在下图所示的程序中，水果名称和数量分别存放在 fruit 和 num 两个元组中，且名称和数量按照索引一一对应。现在程序中有 3 处缺少代码，请根据程序运行结果补充正确的代码，完善程序。

```
fruit = ('pear', 'peach', 'apple', 'cherry', 'banana')
num = (4, 3, 8, 13, 5)
for p in fruit:
    ❶_____
    print('')
print('请输入要查询的水果:')
n = input()
if n in fruit :
    index=fruit.❷_____
    print(n,'的数量是', end='')
    print( ❸_____ )
```

```
============ 17-4.py ============
pear peach apple cherry banana
请输入要查询的水果:
apple
apple 的数量是8
>>>
```

填写代码：❶_____ ❷_____ ❸_____

3. 编写程序

某图书城的图书降价了,全场 8 折销售,王明同学准备购买的图书的原价如下图所示。请你用所学的元组知识编写一个 Python 程序,将王明同学准备购买的图书的名称以及打完折后的价格输出出来。

第 18 课

酸碱报告速整理
——字典

扫一扫，看视频

在学完酸和碱知识点之后，化学老师布置了一个实验作业，让大家测定生活中常见物质的 pH 值，并且完成实验报告。作为 Python 程序编写小达人，无论如何也不会只简单地完成纸质实验报告，那么就让我们一起编写一个小程序，实现实验数据的录入、添加与排序吧！

1. 理解题意

要完成这样一个实验报告，首先要收集并整理好常见物质的 pH 值，如下页表所示。接下来，编写的程序要实现的是将收集到的数据录入程序里，并随着实验的进行，随时可以添加新的数据。最后，将所有数据按照 pH 值从低到高的顺序输出。

147

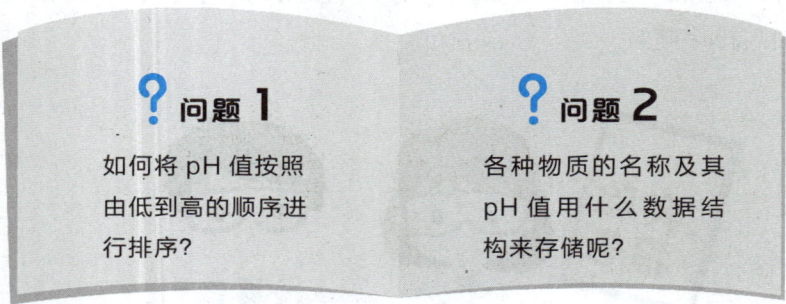

2. 开动脑筋

根据案例描述，请开动脑筋，思考并回答下面的问题。

问题 1
如何将 pH 值按照由低到高的顺序进行排序？

问题 2
各种物质的名称及其 pH 值用什么数据结构来存储呢？

1. 思路分析

由案例分析可知，要存储的是每种物质的名称和 pH 值，这用我们之前所学的列表也可以存储这些信息。但是当有大量的数据需要查询时，每查找一个数据就要遍历整个列表会显得十分低效，而且程序运行的速度也会变慢，所以这里我们采用一种新的、高效的数据结构——字典来存储这些信息。Python 中的字典就像我们平常使用的新华字典一样，通过关键字就可以直接、快速地查找到所需的内容。

字典可以用来存储任意类型的数据。字典中的每一个元素（数据项）都由一一对应的键(key)和值（value）两部分组成。我们可以把物质名称作为键，把 pH 值作为值，这样就得到下面这样的一张表，每一个键对应一个特定的值，通过物质名称就可以直接访问其对应的 pH 值了。

键	值	键	值
柠檬汁	2.4	茶	5.5
可乐	2.5	唾液	5.3
食醋	2.9	牛奶	7.2
苹果汁	3.5	洗手皂	10.0
啤酒	4.5	清洁剂	11.0
咖啡	5.0	纯净水	7.0

字典的一个数据项

2. 算法描述

根据上述思路分析，求解步骤如下。

第 1 步：定义字典 matter。

第 2 步：输入新物质名称 name。

第 3 步：如果输入 q 或 Q，则退出循环。

第 4 步：否则再输入 pH 值，新建一个数据项。

第 5 步：对字典中的数据项按照 pH 值由小到大的顺序进行排序。

第 6 步：输出排序后的结果。

其算法流程图如右图所示。

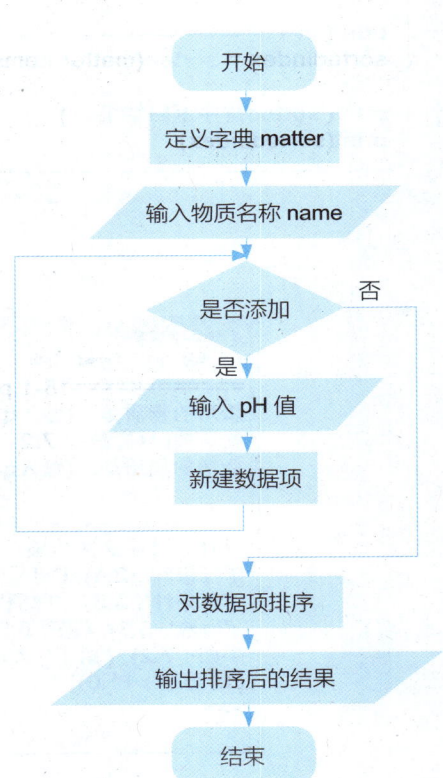

加工坊

1. 编程实现

文件名 18-1.py 第18课 酸碱报告速整理——字典

```python
from operator import itemgetter        # 调用 operator 模块
matter = {'柠檬汁': 2.4, '茶': 5.5, '可乐': 2.5, '唾液': 5.3,
          '食醋': 2.9, '牛奶': 7.2, '苹果汁': 3.5, '洗手皂': 10.0,
          '啤酒': 4.5, '清洁剂': 11.0, '咖啡': 5.0, '纯净水': 7.0}
while True:
    print('新增的物质是：(输入q或Q终止)',end=' ')
    name = input()
    if name == 'q' or name == 'Q':
        break
    print('物质的pH值是：',end=' ')
    num = input()
    matter[name] = float(num)           # 新建字典的数据项

print('\n------------------------------')
sortedindex = sorted(matter.items(), key=itemgetter(1))
                                        # 用 sorted()函数进行排序
print('sorted排序返回结果：')
print(sortedindex)                      # 输出排序后的结果
```

2. 测试程序

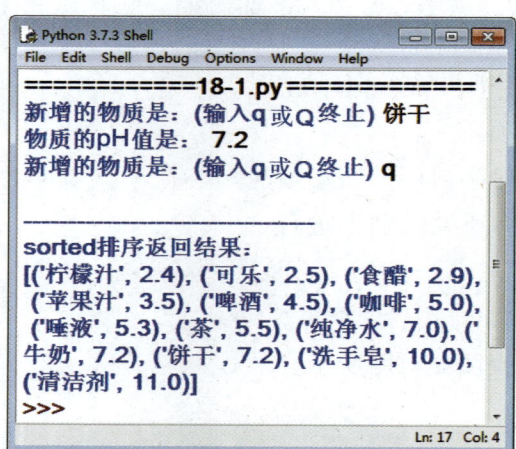

3. 答疑解惑

本程序调用了 operator 模块。operator 模块是 Python 中非常重要的一个模块，通过它可以调用一系列特定的操作。例如，本程序调用方法 itemgetter()，其作用是从一个指定对象中获取指定的元素。在 sortedindex = sorted(matter.items(), key=itemgetter(1)) 语句中，itemgetter(1) 表示从 matter 字典中获取每个数据项的 pH 值。Sorted() 函数有两个参数，第 1 个参数是待排序的对象，必须是可枚举的；第 2 个参数是排序所依据的 key 值，必须是可排序的，如下图所示。Sorted() 函数的功能是按照第 2 个参数返回的结果 key，也就是 pH 值，对字典中的所有数据项进行排序。

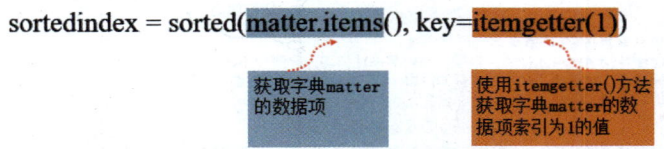

在编写程序时，要注意下图所示的易错点。

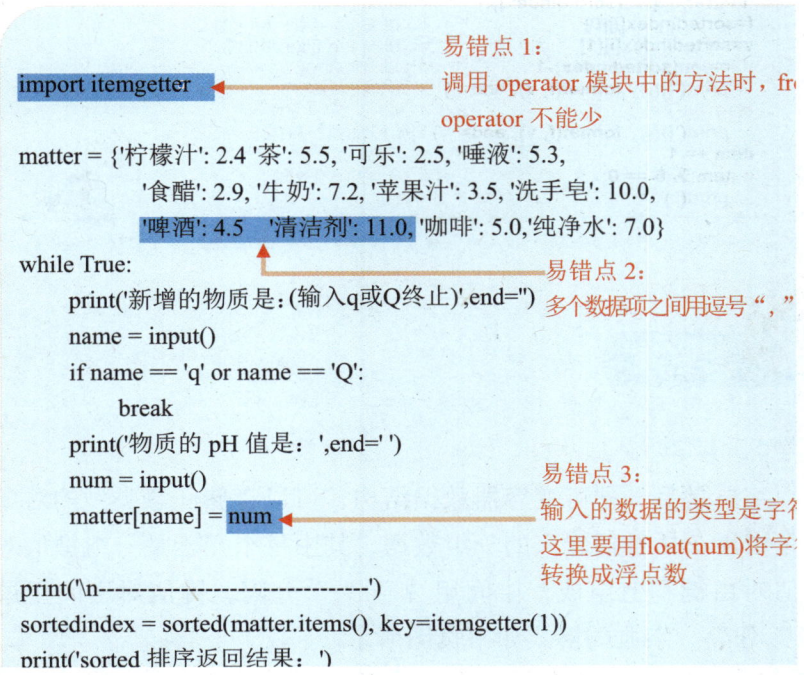

4. 优化程序

从程序输出的结果可以看出，最后排序得到的结果 sortedindex 是一个列表，列表中每个元素又是一个包含物质名称和 pH 值的元组。这种输出方法不是很美观，这里可以对程序进行优化，优化后的程序代码如下图所示。

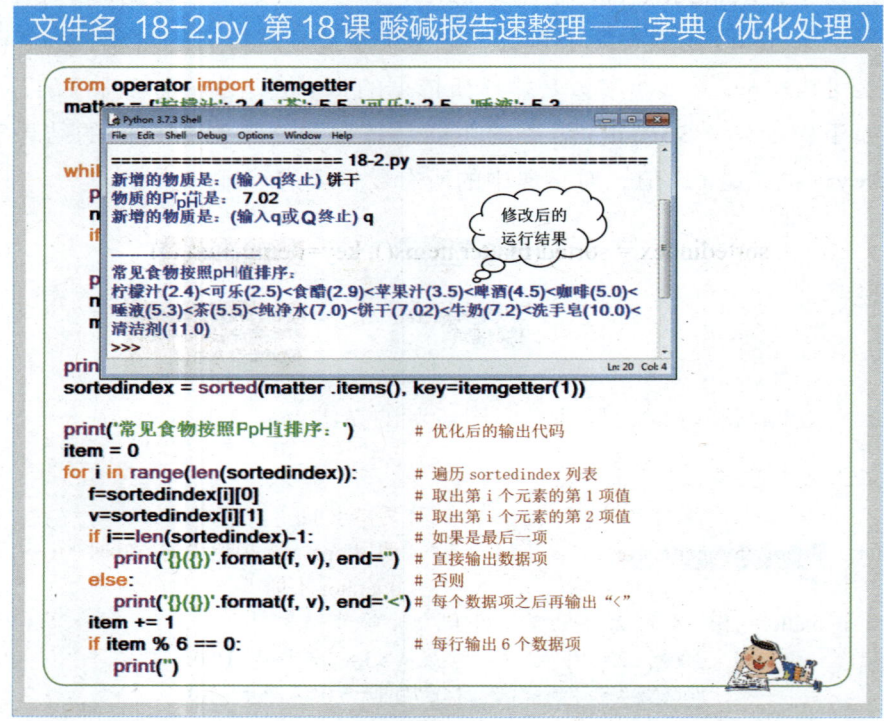

阅览室

1. 字典

字典是另一种可变容器数据结构，可以存储任意类型的对象。它是指用花括号括起来的一组数据，其中每个元素是一组键值对。键值对由键和值组成，中间用冒号"：" 分隔，键值对之间用逗号"，"分隔。字典的格式如下页图所示。

格式： 字典名 = { 键1: 值1, 键2: 值2, 键3: 值3, …… }
例如： dict={'red': 红, 'green': 绿, 'blue': 蓝, ' 黄 ': yellow}

键必须是唯一的，但值不必。值可以为任意数据类型，但键的数据必须是不可变的，如字符串、数字或元组等。

● **访问字典** 和列表、元组不同，字典中的每个元素是无序的，访问是通过键值对来实现的。例如：

```
>>> d1={'王明':90,'刘芬':99,'季兰兰':95}
>>> d1['刘芬']
99
```

● **修改字典元素** 修改原有字典中的元素有两种情况，一种是添加新的元素（键不能重复），另一种是修改指定键所对应的值。例如：

```
>>> d2={'王明':90,'刘芬':99,'季兰兰':95}
>>> d2['李晓红']=78
>>> d2
{'王明': 90, '刘芬': 99, '季兰兰': 95, '李晓红': 78}
>>> d2['李晓红']=85
>>> d2
{'王明': 90, '刘芬': 99, '季兰兰': 95, '李晓红': 85}
```

● **删除字典元素** 可以删除字典中指定的键值对，也可以清空字典，还可以删除整个字典。例如：

```
>>> d3={'王明': 90, '刘芬': 99, '季兰兰': 95, '李晓红': 78}
>>> del d3['季兰兰']              # 删除键是"季兰兰"的数据项
>>> d3
{'王明': 90, '刘芬': 99, '李晓红': 78}
>>> d3.clear()                    # 清空字典所有的数据项
>>> d3
{}
>>> del d3                        # 删除字典
>>> d3
Traceback (most recent call last):# 错误提示：字典不存在
  File "<pyshell#30>", line 1, in <module>
    d3
NameError: name 'd3' is not defined
```

2. 字典内置函数

同列表和元组一样，字典也包含了内置函数。下面以字典 dict = {'name':'哪吒','性别':'男','age':12}，字典 dict2= {'父亲':'托塔李天王','母亲':'殷氏'} 为例，介绍常用的字典内置函数及其使用方法，如下表所示。

函数	功能	应用
keys()	返回字典中的所有键，并创建一个包含所有键的列表对象	>>> dict.keys() dict_keys(["name', ' 性 别 ':, 'age'])
values()	返回字典中的所有值，并创建一个包含所有值的列表对象	>>> dict.values() dict_values(['哪吒','男', 12])
items()	返回字典中的所有数据项（键值对）	>>> dict.items() dict_items([('name':'哪吒','性别':'男','age':12])

update(dict2)	把字典 dict2 中的数据项添加到字典 dict 里	>>> dict.update(dict2)
		>>> dict
		{"name':'哪吒','性别':'男','age':12,'父亲':'托塔李天王','母亲':'殷氏'}

1. 阅读程序写结果

```
fruits={'apple':8,'banana':3,'pear':4}
fruits['banana']=5
print(fruits)
print(sum(fruits.values()))
```

程序运行结果：_____

2. 完善程序

请根据程序的运行结果，在下画线处填写正确的代码，完善程序。

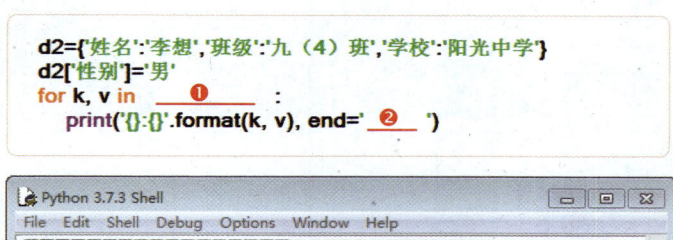

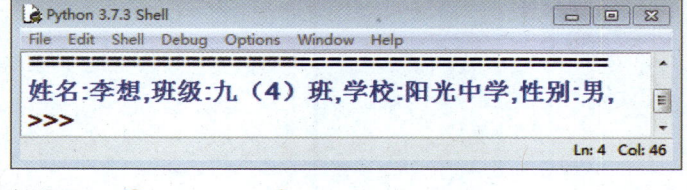

程序代码：❶_____ ❷_____

3. 编写程序

初三（2）班举行了一次"映山红捐书"活动，请你用所学的字典知识编写一个 Python 程序，将捐书人的姓名、捐书册数录入并存储在字典中。为了让程序更实用，可以通过查询的方式增加或修改捐书人信息，最后将字典中存储的数据项全部输出出来。

姓名	捐书册数
李红	5
杨术	11
秦林	9
王翔	6
丁玲	15
张欣	8
陈明昊	21
孙海峰	12
周萱	17

第 6 单元　语文课堂

在语文学科的学习过程中，我们时常需要识记一些汉字、成语和诗词。正确地辨析和运用汉字、成语和诗词，不仅可以知古鉴今，提高文学水平，还可以培养口头和文字表达能力。同时，它也是历年高考语文试卷上的必考内容。那么如何有效记忆这些汉字、成语和诗词呢？我们不妨借助 Python 来快速识记。

学习内容

🍀 第 19 课　填字组词我最棒——字符串连接

🍀 第 20 课　成语接龙有捷径——字符串查询

🍀 第 21 课　中华诗词识别会——字符串操控

第 19 课

填字组词我最棒
——字符串连接

中国汉字博大精深，而要正确识记这些汉字，纯粹地死记硬背的记忆效率是非常低的。用 Python 程序识记汉字会增添许多趣味，从而产生高效记忆的效果。本课我们用 Python 编写一个填字组词游戏程序（游戏效果图如右图所示），体验汉字识记的乐趣。

1. 理解题意

本 Python 程序由 3 部分组成：第一部分是建立词语题库；第二部分是从词语题库中抽取题目；第三部分是判断所填的汉字是否能正确组词，如下图所示。

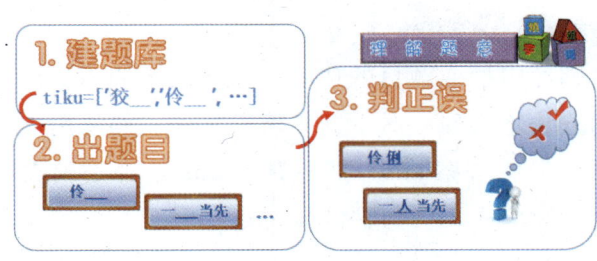

2. 开动脑筋

在本案例中，有题库才有题目，有题目用户才能做题，用户做完题后就需要程序去判断用户输入的答案的正误。依据这个逻辑，思考并回答下面的问题。

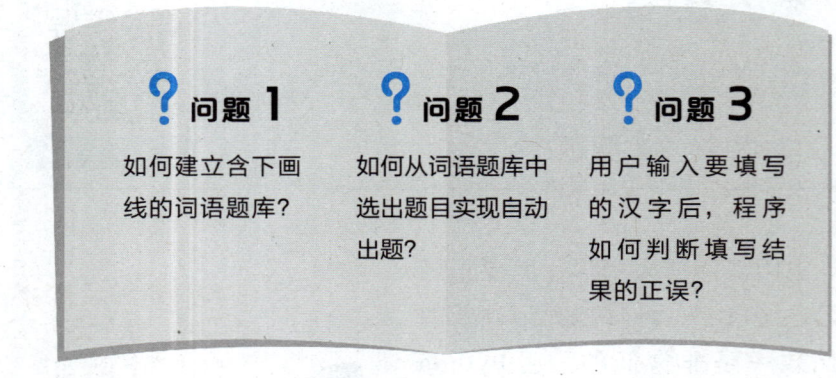

问题1 如何建立含下画线的词语题库？

问题2 如何从词语题库中选出题目实现自动出题？

问题3 用户输入要填写的汉字后，程序如何判断填写结果的正误？

1. 思路分析

对于建立词语题库，可以通过列表实现。对于创建带下画线的词语题库元素，可以通过字符串的连接操作来实现，即将词语中的第1个字符先和字符"－"相连，然后再和该词语的第3个字符到结尾的所有字符相连，从而构成词语题库中一个要填字的词语。

```
索引值    0   1   2   3
word =  '一  马  当  先'
              ↓
        ti=word[0]+'__'+word[2:len(word)]
ti =    '一  __  当  先'
```

对于从题库中抽取题目的功能，主要采用遍历题库列表，读取其中元素的方法来实现。对于判断填字正误，要将用户输入的汉字先代入题目，形成答案ans，然后判断ans是否是列表words中的元素，从而判断填字正确与否。

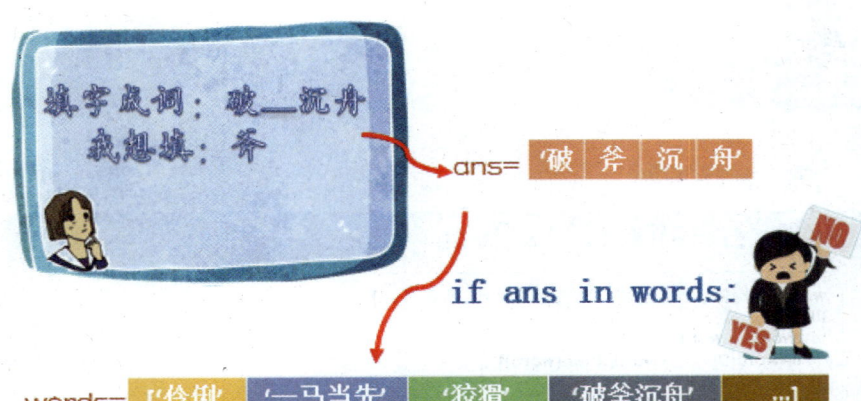

2. 算法描述

根据上述思路分析，求解步骤如下。

第 1 步：定义词语列表 words。

第 2 步：依据词语列表建立词语题库列表 tiku。

第 3 步：从题库中抽取题目进行显示。

第 4 步：用户填字答题。

第 5 步：判断是否退出游戏。

第 6 步：判断答题是否正确。

根据上面的步骤分析，其算法流程图如右图所示。

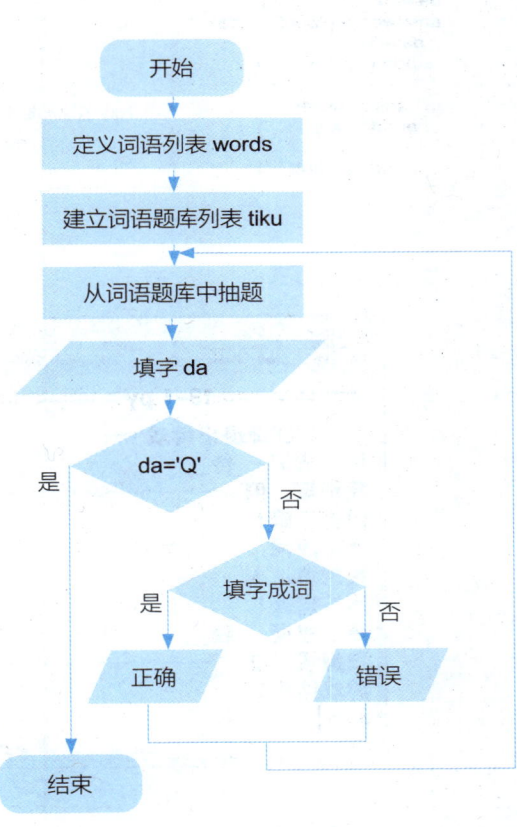

1. 编程实现

文件名 19-1.py 第19课 填字组词我最棒——字符串连接

```
words=['伶俐','一马当先','狡猾','破釜沉舟','永往直前']
tiku=[]
for word in words:
    ti=word[0]+'___'+word[2:len(word)]      #建立词语题库列表tiku
    tiku.append(ti)
print(" ****按'Q'键退出游戏****")
for i in range(len(tiku)):
    wen=tiku[i]                              #抽取题目 wen
    print('填字成词： ',wen)                 #填字答题
    da=input('我想填： ')
    ans=wen.replace('___',da)
    if da=='Q' :
        print('游戏结束！')
        break
    elif ans in words:                       #判断是否退出游戏和判断填字正误
        print('回答正确！')
    else:
        print('回答错误！')
```

2. 测试程序

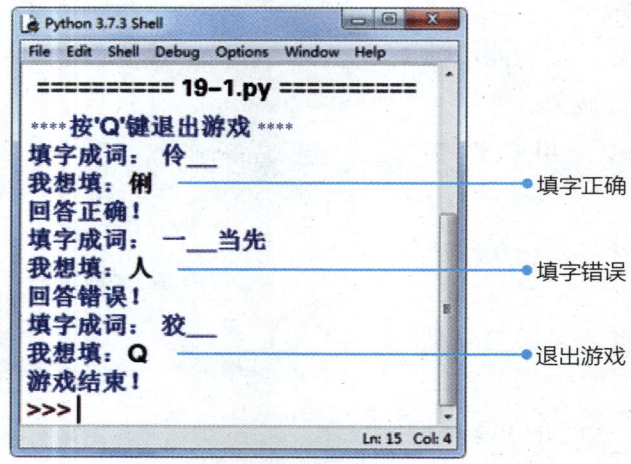

3. 答疑解惑

在本程序代码的第一部分中，在建立带下画线的词语题库列表

时，用到了字符串的连接运算符"+"。例如，如果要将 words 词语列表中的字符串"一马当先"，建立成词语题库列表 tiku 中的一道填字成词题目"一＿＿当先"，我们可以把题目"一＿＿当先"看成是"一"、"＿＿"和"当先"3 个字符串相连接。在程序中，如果 word='一马当先'，那么'一＿＿当先' = word[0]+'＿＿'+word[2:len(word)]。其中 word[0] = '一'；len(word)=4 代表字符串'一马当先'的字符个数；word[2:len(word)] = '当先'表示截取字符串 word 中索引编号从 2 到 4（不包含 4）范围的字符。3 个字符串进行"+"运算，就是将 3 个字符串进行连接。

4. 优化程序

在本程序中，建立词语题库列表 tiku 中的元素时，始终是将 words 词语列表中的词语的第 2 个字符转换或"＿＿"，如"伶＿＿""一＿＿当先""狡＿＿"……这样建立的填字题目比较单调，题型也不够丰富。如果调用随机函数随机将词语中的某个字符转换成"＿＿"，这样抽取的题目将更有游戏趣味性，下图为优化后的程序代码和运行结果。

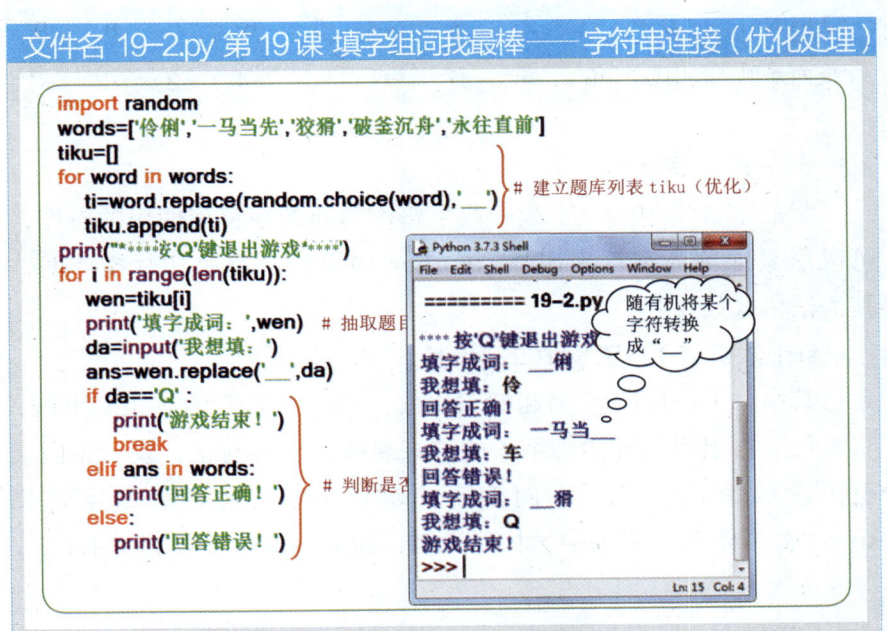

阅览室

1. 字符串

字符串和列表一样，也是一种序列数据。字符串类型数据用一对英文引号引起来表示。其中引号可以是单引号、双引号或三引号，但要配对使用，如 '123'、" 数据 "、'''MP3''' 等都是字符串类型数据。

2. 字符串索引

字符串中每一个字符都有对应的位置编号，即索引。根据索引可以对字符串中的字符进行查找和提取，对单个字符的提取称为索引。字符串的索引有两种编号方案：正向索引和反向索引。假设字符串 str="派神陪我一起上中学！"（Python 的谐音为派神），其索引如下表所示，其中 str[0]="派"，str[-7]="我"。

字符串	派	神	陪	我	一	起	上	中	学	！
正向索引	0	1	2	3	4	5	6	7	8	9
反向索引	-10	-9	-8	-7	-6	-5	-4	-3	-2	-1

3. 字符串切片

截取字符串中的一个或一段字符作为新的字符串使用的操作，可以形象地称为字符串切片。Python 中进行字符串切片操作时，其语法格式如下：

str[索引值 1：索引值 2：步长]

其中，"索引值1"为起始索引值，"索引值2"为终止索引值，"步长"为索引从开始到结束的增减规律。步长为正，表示正向索引；步长为负，表示反向索引；步长为 1 可省略。以字符串 str="派神陪我一起上中学！"为例，切片运算如下页表所示。

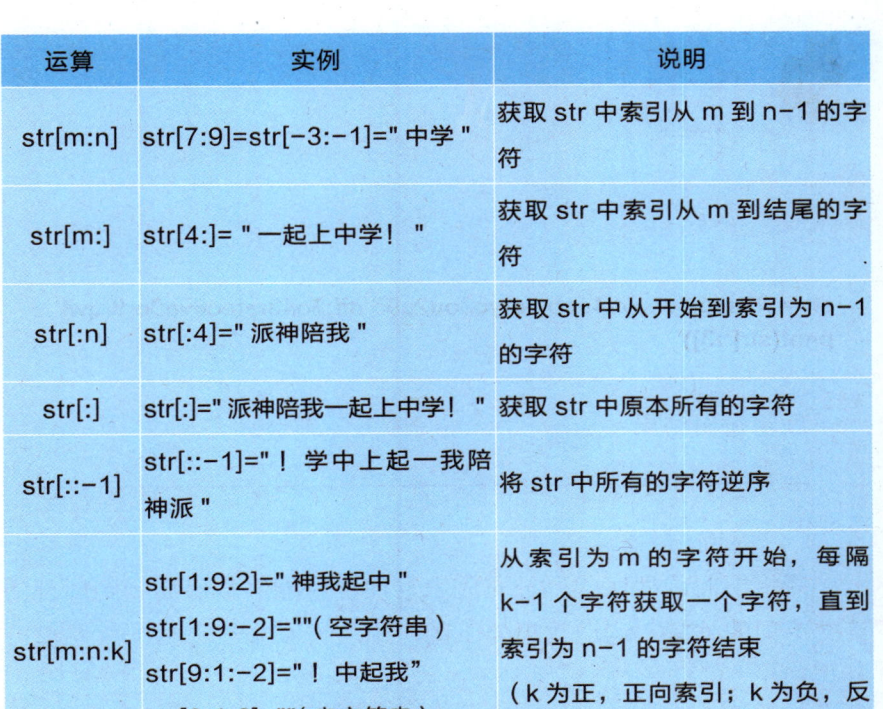

运算	实例	说明
str[m:n]	str[7:9]=str[-3:-1]="中学"	获取str中索引从m到n-1的字符
str[m:]	str[4:]="一起上中学！"	获取str中索引从m到结尾的字符
str[:n]	str[:4]="派神陪我"	获取str中从开始到索引为n-1的字符
str[:]	str[:]="派神陪我一起上中学！"	获取str中原本所有的字符
str[::-1]	str[::-1]="！学中上起一我陪神派"	将str中所有的字符逆序
str[m:n:k]	str[1:9:2]="神我起中" str[1:9:-2]=""（空字符串） str[9:1:-2]="！中起我" str[9:1:2]=""（空字符串）	从索引为m的字符开始，每隔k-1个字符获取一个字符，直到索引为n-1的字符结束（k为正，正向索引；k为负，反向索引）

4. 字符串连接方式

Python中字符串的连接有多种方式，除了可以使用"+"和"*"操作符连接外，还可以使用逗号及join()方法连接。假设str1='Hi '，str2='Python! '。

● + 运算　将多个字符串顺次连接。例如，str1+' '+str2= 'Hi Python! '。

● * 运算　将字符串复制连接。例如，str1*3= 'Hi Hi Hi '。

● 逗号连接　输出语句中用英文逗号可以连接多个字符串。

例如，语句print('美',' 丽')，将连接输出字符串：' 美丽'。

● join()方法　格式为字符串1.join(字符串2)，作用是以"字符串1"为连接符，穿插到"字符串2"的每一个字符之间。例如，'**'.join(str2)= ' P**y**t**h**o**n**！'

1. 阅读程序写结果

```
str = 'l2s l5l4ooovv4eeby eryo3ou2u95 nif;$o43rsfec6ve0er9rqw!'
print(str[::3])
```

程序输出结果：

_____

2. 完善程序

请将下面的程序代码补充完整，使程序能够输出周一到周五的英文单词的缩写，运动效果如下图所示。

```
weeks=['Monday','Tuesday','Wednesday','Thursday','Friday']
for i in weeks:
    _____
```

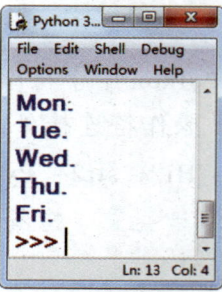

第20课

成语接龙有捷径
——字符串查询

扫一扫，看视频

成语接龙是语文课堂上同学们最爱玩的游戏之一，有时候遇到以冷门字结尾的成语，还真是要翻字典、用百度，好一阵查找才能接上来。本课利用 Python 编写一个成语接龙小游戏，实现只要输入一个成语，程序就会自动输出可接龙的成语。

研究室

1. 理解题意

成语接龙的游戏规则大家都熟悉，就是给定一个成语后，就以此成语的尾字当作首字，接出下一个成语，以此进行下去。成语接龙游戏的难点就是当自己的成语储备量不足时，游戏就玩不下去了。本程序要实现的功能是，输入一个接龙困难的成语，程序自动查询出可接龙的成语。

2. 开动脑筋

根据案例描述，开动脑筋，思考并回答下面的问题。

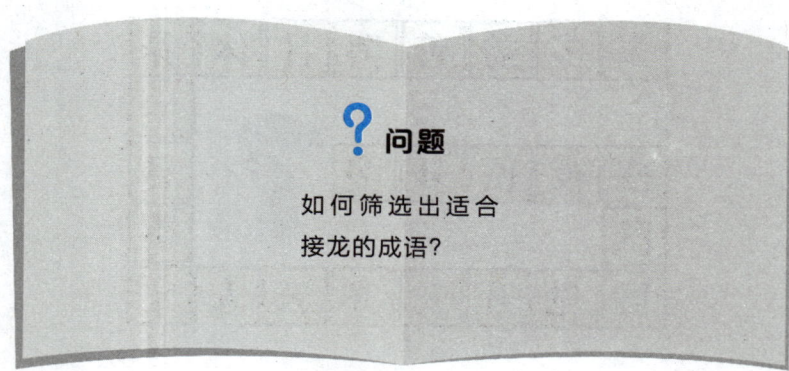

问题

如何筛选出适合接龙的成语？

1. 思路分析

如果我们有足够大的成语储备库，我们就可以接出每一个成语。如果成语库准备好了，我们就可以按照下页图所示的思路查询和筛选出可接龙的成语。

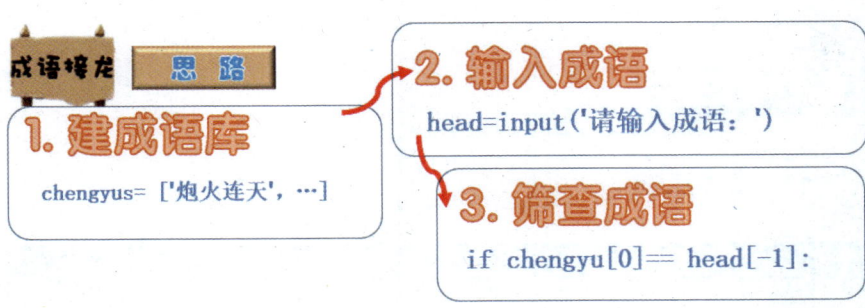

2. 算法描述

根据上述思路分析，求解步骤如下。

第1步：建立成语库列表。

第2步：输入一个待接龙的成语。

第3步：查询成语库中每一个成语。

第4步：筛选出可接龙的成语。

其算法流程图如下图所示。

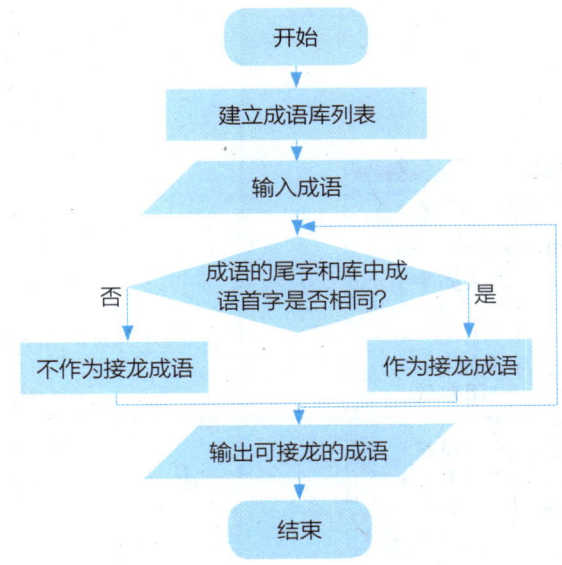

1. 编程实现

文件名 20-1.py 第 20 课 成语接龙有捷径——字符串查询

```
chengyus= ['炮火连天','判若两人','气冲斗牛','牛气冲天',\
           '牛刀小试','牛鬼蛇神','天外来客','客源广进']
while True:                        # 建立成语库列表
    list=[]
    j=0
    head =input('请输入成语：')
    for chengyu in chengyus:       # 查询成语库中的成语
        if chengyu[0]== head[-1]:  # 筛选成语库中首字和
            j=j+1                  #   用户输入成语的尾字
            list.append(chengyu)   #   相同的成语
    for i in range(len(list)):
        print('可接成语',i+1,':',list[i])
    else:
        if j==0:
            print ('词汇量有限，接不上了！')
```

2. 测试程序

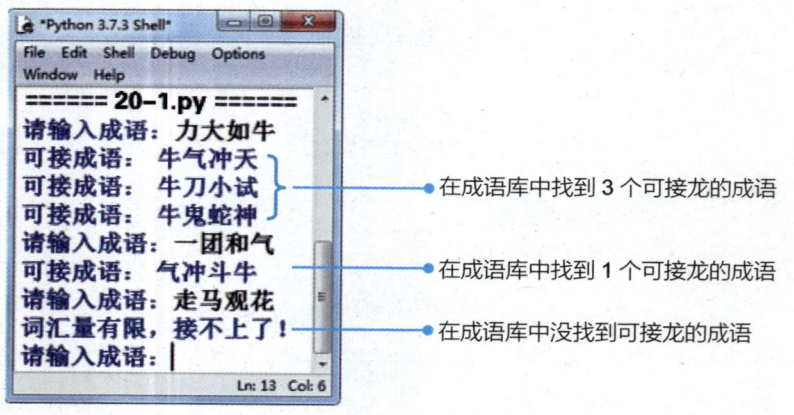

在成语库中找到 3 个可接龙的成语

在成语库中找到 1 个可接龙的成语

在成语库中没找到可接龙的成语

3. 答疑解惑

成语库列表准备好了，如何查询列表中的成语，并筛选出可接

龙的成语呢？查询列表中的每一个成语，可以用"for chengyu in chengyus:"语句来实现；对于成语是否可取出作为接龙使用，主要通过字符串的索引来判断，head[-1] 表示将 head 字符串中的最后一个字符取出，chengyu[0] 表示取出 chengyu 字符串中的第一个字符。如果 chengyu[0]==head[-1] 的结果为 True，则当前的 chengyu 就是可接龙的成语。本案例中定义的空列表 list，用来存放可接龙的成语，每找到一个适合的成语，就用 list.append(chengyu) 语句将该成语添加到 list 列表中。

4．优化程序

在本案例中，用列表 chengyus 建立的成语库只收录了 8 个成语。针对用户不同的接龙需求，这样的成语储备量显然不足。在优化程序中，我们将打开存储了 1 万多个成语的文件，将其中的成语读取到列表中，实现更加强大的接龙功能。将 Python 文件"20-2.py"和成语库文件"chengyu.txt"放在同一目录下，应用文件操作打开成语库文件，具体修改如下图所示。

文件名 20-2.py 第 20 课 成语接龙有捷径——字符串查询（优化处理）

```
with open('chengyu.txt') as file:      # 打开 chenyu.txt 文件
    chengyus=file.readlines()          # 将文件中的成语逐行存入
while True:                              列表chengyus中（优化代码）
    list=[]
    j=0
    head =input('请输入成语：')
    for chengyu in chengyus:
        if chengyu[0]== head[-1]:
            j=j+1
            list.append(chengyu)
    for i in range(len(list)):         # 依次输出可接龙的成语
        print('可接成语',i+1,':',list[i],end='')
    else:
        if j==0:
            print ('词汇量有限，接不上了！')
```

测试程序优化后的运行效果，此时输入"力大如牛"，搜索到文件 chengyu.txt 中储备的可用于接"牛"字的成语如下页图所示。

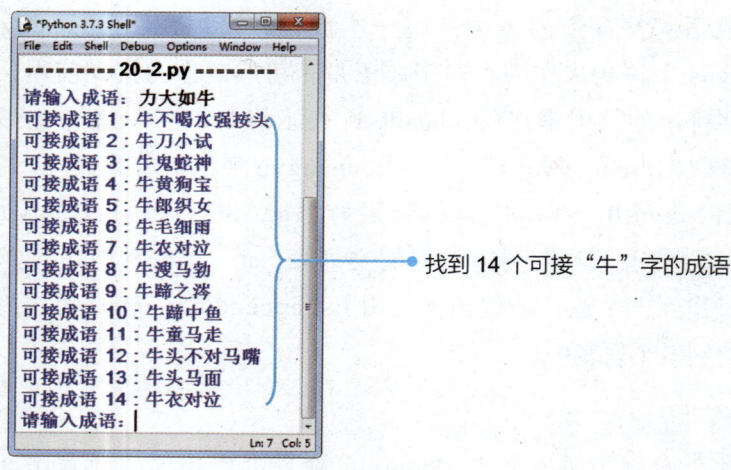

找到 14 个可接"牛"字的成语

1. 字符串查询

在查询列表中的各个元素时，可以用 for…in 循环来实现。例如，本案例中的语句"for chengyu in chengyus：",就表示依次查询列表 chengyus 中第 1 个到最后一个元素。字符串的查询也可以这样操作，下图中的程序代码表示依次查询字符串"ABCDE"中的每一个字符并输出。

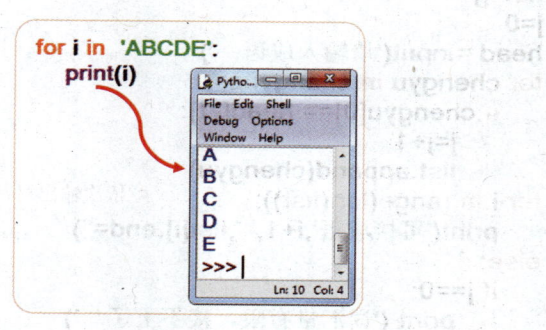

2. 字符串函数

Python 中提供了一些用于字符串处理的内置函数，使用起来非常方便。下面以字符串 str="python" 为例，介绍相关函数的功能，如下表所示。

函数	功能	执行结果
len(str)	返回字符串 str 的长度（字符个数）	6
str.capitalize()	将字符串 str 的首字符转换成大写形式	Python
str.find('t')	检测字符 't' 是否包含在字符串 str 中，包含则返回索引值，不包含则返回 −1	2
str.count('t')	返回字符串 't' 在 str 中出现的次数	1
str.replace('p', 'P')	格式为 str.replace(旧字符串，新字符串 [, n])，表示将 str 中的"旧字符串"换成"新字符串"，替换 n 次（n 不超过旧字符串的个数）	Python

1. 完善程序

使用字符串的 replace() 函数使输出结果为：You are welcome。在下画线处填写正确的代码，完善程序。

```
wrong='You is welcome!'
right= _____
print(right )
```

程序代码：_____

2. 阅读程序写结果

```
程序(1)
s = '你若安好，便是晴天！'
for c in s:
    print(c,end='')
    if c=='好':
        break
print('我也安好')
```

```
程序(2)
s = '你若安好，便是晴天！'
for c in s:
    print(c,end='')
    if c=='好':
        break
    print('我也安好')
```

程序（1）的运行结果：_____
程序（2）的运行结果：_____

第 21 课

中华诗词识别会
——字符串操控

扫一扫，看视频

"给你 9 个汉字，请你从中识别出一句诗词。"这是中央电视台热播节目《中国诗词大会》中的一个答题环节。在本课中，让我们一起编写"中华诗词识别会"程序，在程序中重温那些曾经背诵过的经典古诗词，感受诗词的乐趣，体会古人的情怀。

1. 理解题意

"中华诗词识别会"程序要实现的功能是，用户依据程序给出的 9 个汉字，识别出一句诗词，然后在计算机上输入，程序判断用户输入的结果正确与否，并给出诗词出处。例如，计算机给出"千众飞乐山重鸟绝"，用户若识别为"千山鸟飞绝"，则计算机提示"回答正确！"并给出诗词出处，然后随机给出下一题；若用户识别的不是这句诗词，则计算机提示"回答错误！"并给出出处，然后随机给出下一题；直到用户输入"Q"退出游戏。该程序提供的诗词题量的多少，由程序定义的诗词字典中的元素的多少来决定。

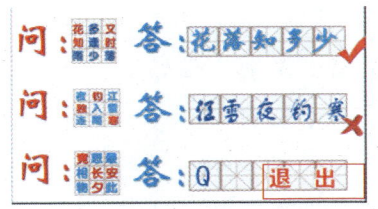

2. 开动脑筋

根据上述程序功能描述，思考并回答下面的问题。

问题1 从哪里抽取出等待识别的9个汉字？

问题2 9个汉字的字符串和正确的诗词原文如何对应？

问题3 如何判断识别结果是否正确？

1. 思路分析

根据程序功能要求，我们可以把等待识别的文字存储在列表中，每一个包含9个汉字的字符串就是列表的一个元素，随机读取列表中的元素就可以解决问题1；对于问题2，9个汉字的字符串和正确的诗词原文可通过字典来实现对应关系；对于问题3，识别结果的判断可通过将用户输入的字符串与字典的值进行对比来实现。

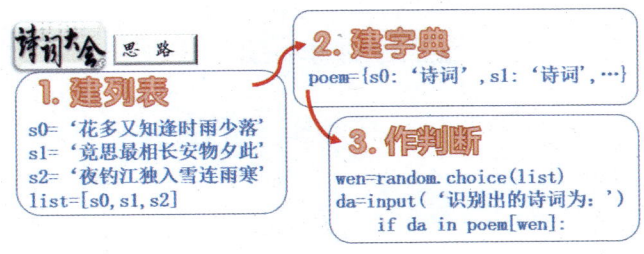

2. 算法描述

根据上述思路分析，求解步骤如下。

第 1 步：定义字符串列表 list。

第 2 步：定义诗词字典 poem。

第 3 步：随机抽取列表中的字符串元素。

第 4 步：用户输入识别的诗词。

第 5 步：判断用户的输入是否包含在字典的值中。

第 6 步：根据判断结果输出正确或错误提示，并给出出处。

第 7 步：按 Q 键退出游戏。

其算法流程图如下图所示。

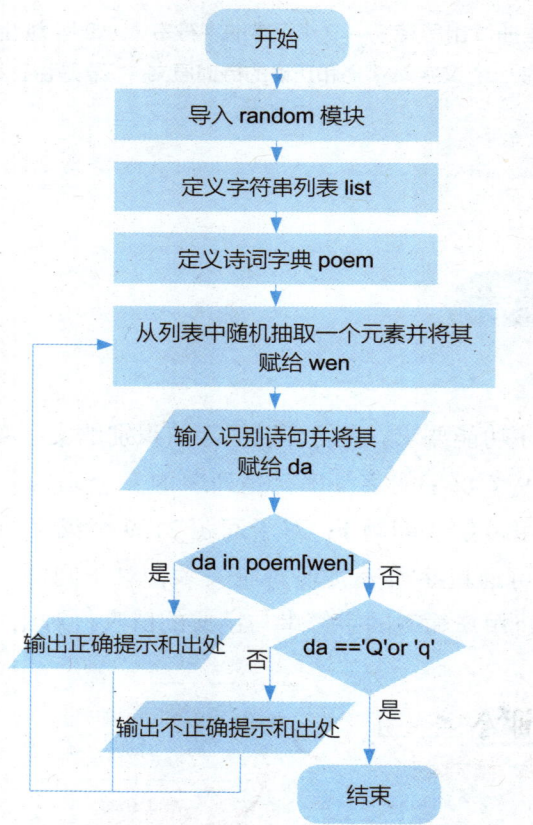

加工坊

1. 编程实现

文件名 21-1.py 第21课 中华诗词识别会——字符串操控

```python
import random
s0='花多又知逢时雨少落'
s1='竟思最相长安物夕此'
s2='夜钓江独入雪连雨寒'
list=[s0,s1,s2]                     # 定义字符串列表 list
poem={                              # 定义诗词字典 poem
s0:'《春晓》 春眠不觉晓,处处闻啼鸟。夜来风雨声,花落知多少。',
s1:'《相思》 红豆生南国,春来发几枝。愿君多采撷,此物最相思。',
s2:'《江雪》 千山鸟飞绝,万径人踪灭。孤舟蓑笠翁,独钓寒江雪。'}
print('从下面9个字中识别出一句诗词:')
while True:
    wen=random.choice(list)         # 在列表 list 中随机抽取一个
    print(wen)                      #   元素
    da=input('识别出的诗词为: ')
    if da in poem[wen]:             # 判断用户的输入是否包含在
        print('回答正确! 此句出自:') #   字典的值中
        print(poem[wen])
        print('很厉害! 请看下一句: ')
    elif da=='Q':
        print('游戏结束! ')
        break
    else:
        print('回答错误! 此句出自: ')
        print(poem[wen])
        print('很遗憾! 请看下一句: ')
```

2. 测试程序

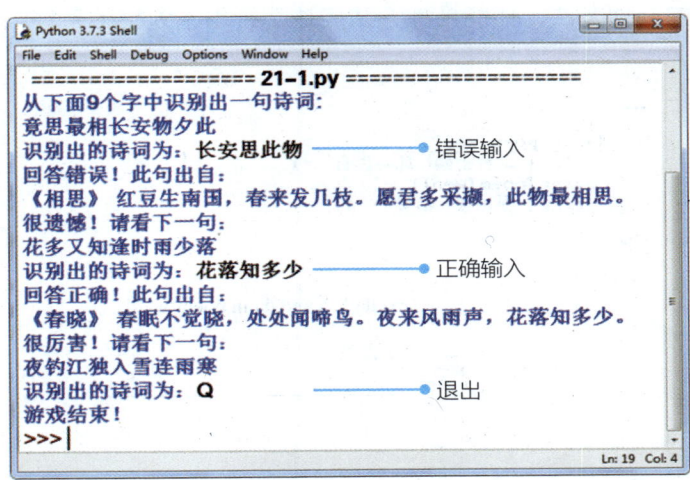

3. 答疑解惑

首先，程序每次提供给用户的 9 个汉字是预设好的，每 9 个汉字定义成一个字符串，每个字符串再作为列表的一个元素存储在列表中，这样随机读取列表中的元素就可以给用户出题了；其次，诗词库用字典来定义，前面定义的每个列表元素将作为字典的键，每个键对应的值是诗词原文，这样可以保证每一道题都有正解；最后，程序判断用户识别的结果是否正确时，主要是将用户输入的字符串和字典中键的值作包含判断。

4. 优化程序

运行上述程序，如果用户不输入任何字符，计算机却会判断用户答题正确，如下图所示。

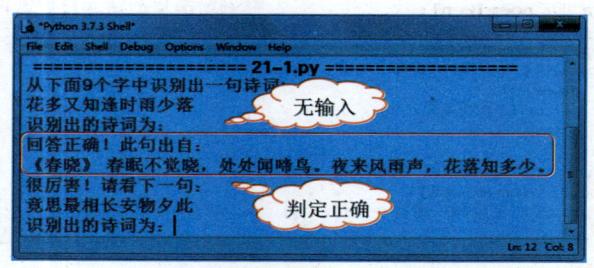

按照正常逻辑，用户不输入应该判断为用户没有正确答题。分析代码可知，是判断用户输入的那句代码出现了问题，下图已给出解决此问题的一种方法，你能换种方法表达字符串不为空的条件吗？

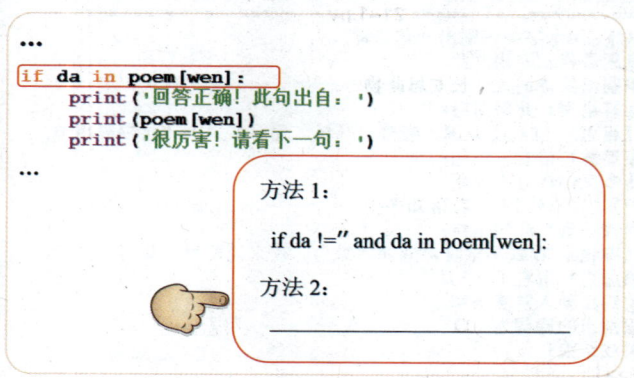

阅览室

1. 成员运算

在"中华诗词识别会"案例中,我们定义了诗词字典。该字典元素键值对中的值是字符串类型,在判断用户输入的字符串是否是字典中某个值的成员时,使用了 in 方法,即 if da in poem[wen]。

两个字符串之间的成员关系判断有两种方法:in 和 not in。例如,x in str 用于判断字符串 x 是否是字符串 str 的成员,是成员,则返回 True;不是成员,则返回 False。x not in str 也用于判断字符串 x 是否是字符串 str 的成员,不是成员,则返回 True;是成员,则返回 False。两种方法的运行结果如右图所示。

```
>>> 'i' in 'like'
True
>>> 'l' in 'like'
False
>>> 'i' not in 'like'
False
>>>
```

2. 长文本输出

在 Python 中经常需要对字符串进行处理,如果字符串是一段包含大量字符的长文本,则可以用下面的方法来处理,从而保证长文本字符串按需求输出。

● **使用三引号** 用一对三引号将长文本引起来,可以保证长文本按照"所见即所得"的原则原样输出,如下图所示。

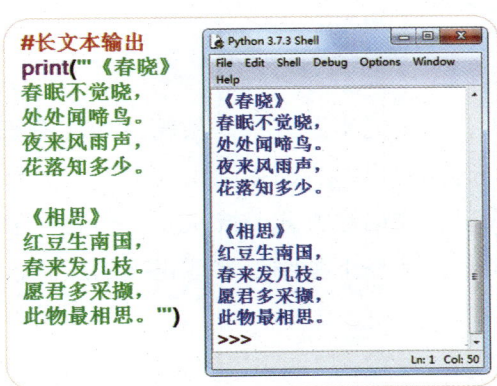

● **使用转义符** 要输出的长文本字符串中可能会有一些特殊符号、空格或换行等，字符串中每一个符号都是一个字符，如果要原样输出，可以使用转义符来实现。如果在某些特定的字符前面加上转义符号"\"，该字符会被解释为另外的含义，不再代表本来的字符。例如，\n 代表换行符；\r 代表换行；\b 代表退格；\\ 代表反斜线"\"；"\'" 代表单引号；\" 代表双引号；\ 在代码行尾代表续行符。使用转义符输出长文本的效果如下图所示。

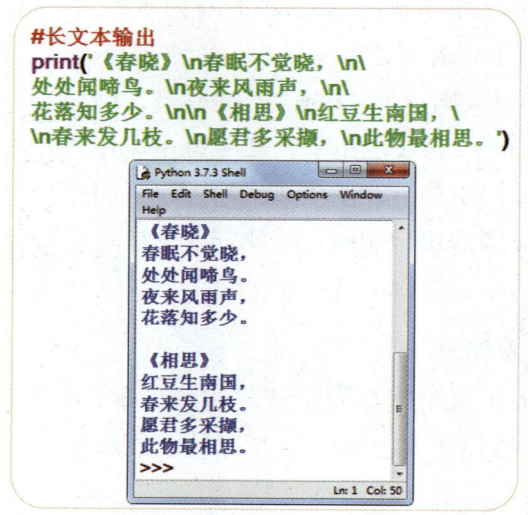

1. 完善程序

在本案例中，诗词的出题方式是从题目列表中随机选出一个题目给用户作答，这样用户很容易抽到重复的题。为避免此种情况，我们可以修改代码，将出题方式改成从题目列表中依次抽取。具体修改如下页图所示。请在下画线处填写正确的代码，使程序实现上述功能。

```
import random
s0='花多又知逢时雨少落'
s1='竟思最相长安物夕此'
s2='夜钓江独入雪连雨寒'
list=[s0,s1,s2]
poem={
s0:'《春晓》 春眠不觉晓,处处闻啼鸟。夜来风雨声,花落知多少。',
s1:'《相思》 红豆生南国,春来发几枝。愿君多采撷,此物最相思。',
s2:'《江雪》 千山鸟飞绝,万径人踪灭。孤舟蓑笠翁,独钓寒江雪。'}
print('从下面9个字中识别出一句诗词:')
while True:
    wen=random.choice(list)
    print(wen)
    da=input('识别出的诗词为: ')
    if da in poem[wen]:
        print('回答正确!此句出自: ')
        print(poem[wen])
        print('很厉害!请看下一句: ')
    elif da=='Q':
        print('游戏结束! ')
        break
    else:
        print('回答错误!此句出自: ')
        print(poem[wen])
        print('很遗憾!请看下一句: ')
```

`for i in range(` ❶ `):`
`    wen=list[` ❷ `]`

正确代码：❶_____ ❷_____

2. 编写程序

在本课案例中，只有 3 道题目，请将你熟悉的诗词添加到列表 list 和字典 poem 中，扩充题量，使游戏变得更加有趣。

第 7 单元 英语课堂

在英语课堂中,我们将英语学科与编程相融合,借助 Python,使用字符串随机函数设计拼词游戏;利用字典进行大数据处理,统计文章词频,辅助英语学习。

学习内容

- 第 22 课 拼词游戏巧设计——随机函数
- 第 23 课 文章词频快统计——数据处理
- 第 24 课 单词记忆勤训练——字典应用

第 22 课

拼词游戏巧设计
——随机函数

在英语学习的过程中，记忆英语单词的方法有很多。例如，寓教于乐法，即将学习和娱乐结合在一起。我们可以进行一些背单词的游戏，在游戏的过程中，激发学生学习英语的兴趣，加深对单词的理解和记忆。本课，我们就来设计一款拼词游戏。游戏规则：计算机从预置的词库中随机抽取一个单词，出示顺序被打乱的该单词字母组合，玩家输入拼词，计算机判断玩家所输入的拼词的正误。

拼词游戏

正确：correct
杂乱：jumble
▶ 任意：random
位置：position

ardomon
random ✓

研究室

1. 理解题意

根据游戏功能，该游戏程序可分为 3 个部分：第一部分是用列表来存储单词，再从列表中随机抽取一个单词；第二部分是将抽取的单词随机打乱排序；第三部分是玩家输入拼词，程序对拼词结果进行正误判断，如下页图所示。

181

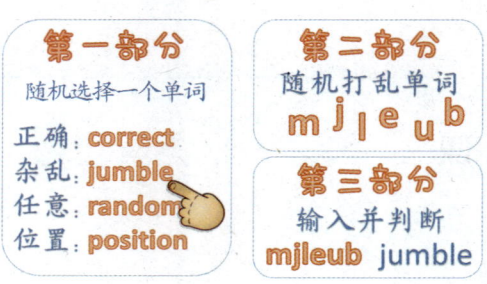

2. 开动脑筋

本案例中，判断输入的拼词时可以使用条件语句，这个知识在前面我们已经学习过了。本案例的难点是如何随机选单词以及随机打乱该单词的字母顺序。请开动脑筋，思考并回答下面的问题。

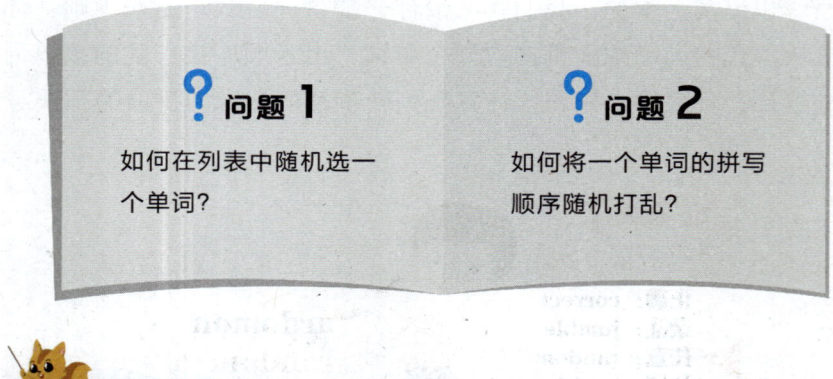

❓ 问题 1
如何在列表中随机选一个单词？

❓ 问题 2
如何将一个单词的拼写顺序随机打乱？

1. 思路分析

本案例需要多次使用随机功能，因此，需要调用 Python 中的随机函数模块 random，并使用 random 模块中的 random.choice() 和 random.randrange() 函数。其中，random.choice() 函数的功能是随机返回对象中的一个元素，random.randrange() 函数的功能是随机返回对象中的一个整数。

借助上述函数，程序第一部分要先定义一个单词列表，如 WORDS 列表中定义了 correct、jumble、random、position 4 个单词，如下页图所示。使用 random.choice() 函数从 WORDS 列表中随机抽取一个单词，假设随机抽取的是 jumble，即程序会将 randomWord 定义为 jumble。

程序的第二部分是将抽取的单词 jumble 的拼写顺序随机打乱，这需要借助两个变量。其中，变量 jumbleWord 用于保存乱序单词，变量中 randomWord 用于保存随机抽出的单词 jumble。从 randomWord 变量每次随机选择一个字母，假设选出的字母是 m，就把 m 存放在 jumbleWord 变量中，并在 randomWord 变量中删除这个字母。循环 6 次后，jumbleWord 变量中则保存生成的乱序单词 mjleub，如下表所示。

序号	随机数选择范围	jumbleWord 变量	randomWord 变量
第 0 次循环		''	'jumble'
第 1 次循环	0～5 中选 2	'm'	'juble'
第 2 次循环	0～4 中选 0	'mj'	'uble'
第 3 次循环	0～3 中选 2	'mjl'	'ube'
第 4 次循环	0～2 中选 2	'mjle'	'ub'
第 5 次循环	0～1 中选 0	'mjleu'	'b'
第 6 次循环	0 中选 0	'mjleub'	''

随机字母可通过 position 变量和 random.randrange() 函数来选出。程序会根据选中的单词，生成一个随机数。每次用这个不同的随机数选择单词中的一个字母，直到 randomWord 变量中的所有字母被删除，则停止操作。

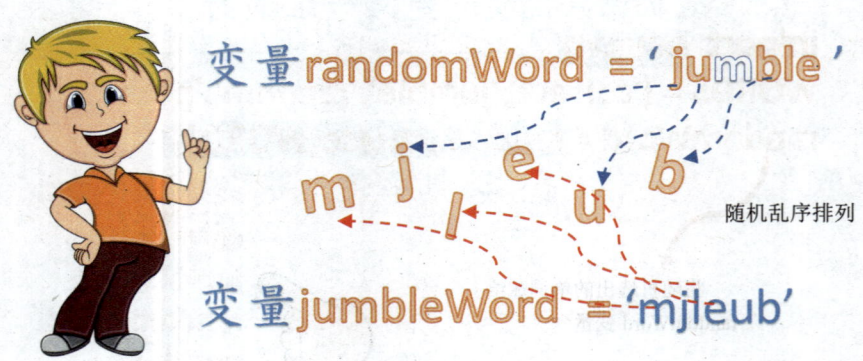

随机乱序排列

2. 算法描述

根据上述思路分析，求解步骤如下。

第 1 步：导入随机数模块，定义一个单词列表。

第 2 步：随机选择一个单词。

第 3 步：定义存储正确单词的变量与存储乱序单词的变量。

第 4 步：设置循环，循环条件是存储正确单词的变量不能为空。

第 5 步：根据单词长度，求一个随机数。

第 6 步：在存储乱序单词的变量中存放随机数所提取的字母。

第 7 步：在存储正确单词的变量中删除被提取的字母。

第 8 步：重复上面的循环，直到存储正确单词的变量为空，停止循环。

第 9 步：显示乱序后的单词。

第 10 步：根据乱序后的单词字母，输入单词。

第 11 步：根据输入的单词进行判断，若输入正确，给出判断正确的反馈；若输入不正确，给出判断错误的反馈。

在以上求解过程中，第 2 步使用随机函数 random.choice() 选择任意一个单词，第 5 步使用随机函数 random.randrange() 生成任意字母的位置，从而使程序每次执行时都会有变化。正是使用了随机函数，拼词游戏才具有更多的趣味性和挑战性。程序算法流程图如下图所示。

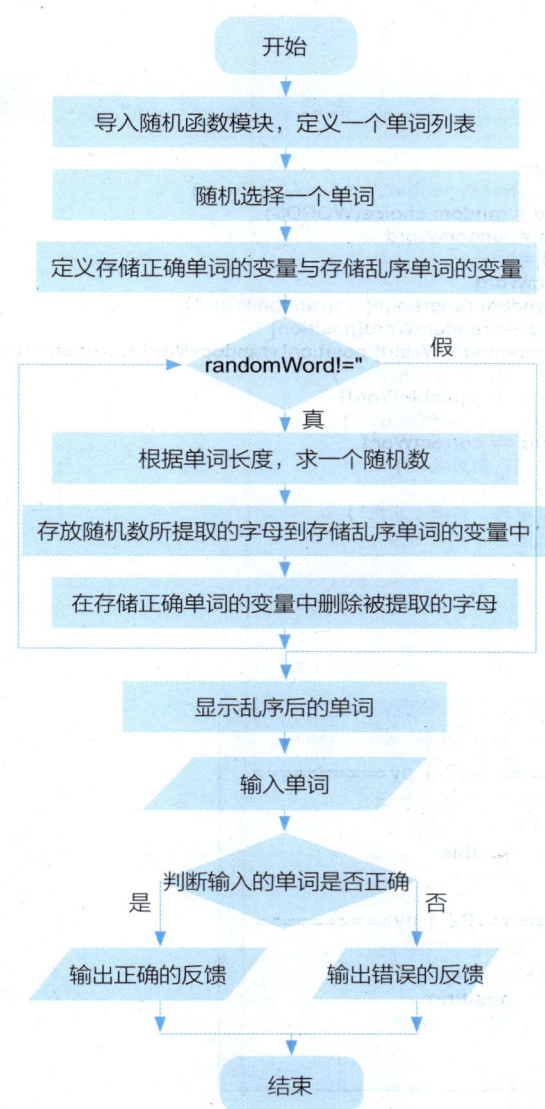

加工坊

1. 编程实现

文件名 22-1.py 第 22 课 拼词游戏巧设计——随机函数

```python
import random                                          # 第一部分
WORDS = ('correct','jumble','random','position')
randomWord = random.choice(WORDS)
correctWord = randomWord
jumbleWord = ''                                        # 第二部分
while randomWord:
    position=random.randrange(len(randomWord))
    jumbleWord += randomWord[position]
    randomWord=randomWord[:position]+randomWord[(position+1):]
print("将乱序字母，组合成单词！")                        # 第三部分
print('乱序后单词：',jumbleWord)
guessWord = input('请猜猜看：')
if guessWord == correctWord:
    print('恭喜您！猜对啦！')
else:
    print('不好意思，猜的不正确!')
```

2. 测试程序

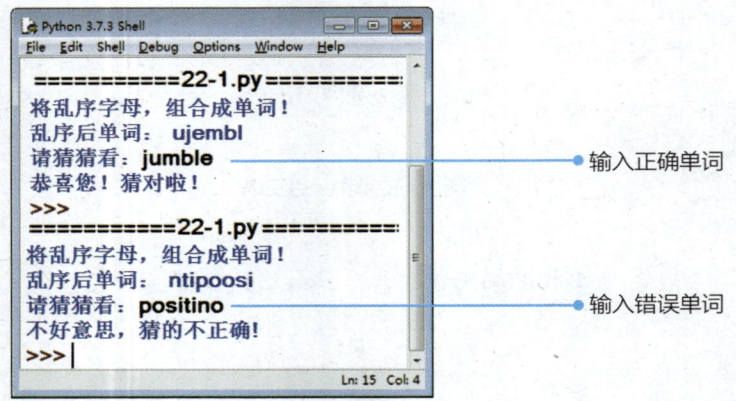

3. 答疑解惑

上述程序的第一部分与第三部分都比较容易理解，难点在第二部分。第二部分的关键代码解读如下页图所示。

第二部分 关键代码解读

```
position=random.randrange(len(randomWord))
```
随机确定一个数 ← 求序列长度

```
jumbleWord + randomWord[position]
```
每次从该序列中随机抽取一个字母，组成新单词

```
randomWord[:position]+randomWord[(position+1):]
```
每次需从该序列中删除随机抽取的字母

随机单词变量初值 randomWord = 'jumble'
乱序单词变量初值 jumbleWord = ''

循环
假设生成的随机数 position=2
则变量 jumbleWord = 'm'
再将 randomWord 变量值 'jumble' 中的 'm' 删除
即变量 randomWord= 'juble'
重复操作直到变量 randomWord= ''

4. 优化程序

上述程序的设计不够人性化，因为两轮游戏结束后，缺少对玩家是否继续游戏的判断环节。为使此程序功能更加完善，可进行下图所示的修改。

文件名 22-2.py 第22课 拼词游戏巧设计——随机函数（优化处理）

```python
import random
WORDS = ('correct','jumble','random','position')
isGo_on = 'Y'                                         # 定义继续游戏变量
while isGo_on == 'Y' or isGo_on == 'y':               # 设置循环条件
    randomWord = random.choice(WORDS)
    correctWord = randomWord
    jumbleWord = ''
    while randomWord:
        position = random.randrange(len(randomWord))
        jumbleWord += randomWord[position]
        randomWord=randomWord[:position]+randomWord[(position+1):]
    print('乱序后单词：',jumbleWord)
    guessWord = input('\n请您猜猜看：')
    while guessWord != correctWord and guessWord != '':  # 判断正误
        print("不好意思，您猜的不正确。")
        guessWord = input("继续您猜：")
    if guessWord == correctWord:
        print("恭喜您！猜对啦！\n")
    isGo_on = input("\n\n请问是否继续游戏（Y/N）:")    # 更改继续游戏变量
```

1. random 模块

若要调用 Python 中的 random 模块生成随机数，必须先执行 import random 命令。借助 random 模块中的随机函数，可以生成随机浮点数、整数、字符串，还可以随机选择元素或打乱元素等。random 模块中的一些常用随机函数的用法如下。

- random.random() 函数：随机生成一个 0.0~1.0 的浮点数。
- random.randint(x,y) 函数：随机生成一个 [x,y] 范围内的整数。
- random.choice() 函数：从任意序列（如字符串、列表、元组等）中随机选取一个元素并返回。

2. random 随机函数应用举例

- random.choice() 函数的应用示例如下。

```
import random
print ("\n\t")
print ("start test choice:")
foo = ['a', 'b', 'c', 'd', 'e']
print (random.choice(foo))
print ("\n\t")
```

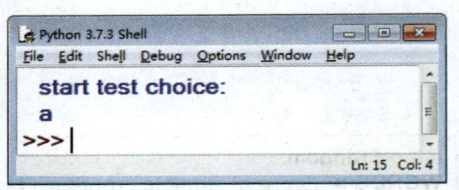

- random.sample() 函数的应用示例如下。

```
print ("start test slice:")
list = [1, 2, 3, 4, 5, 6, 7, 8, 9, 10]
#从list中随机获取5个元素，作为一个片断返回
slice = random.sample(list, 5)
print (slice)
#原有序列并没有改变
print (list)
```

● random.uniform() 函数的应用示例如下。

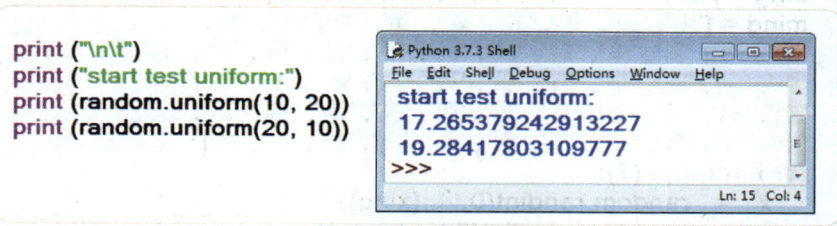

创新园

1. 阅读程序写结果

```
import random
a = random.choice([5,6,7,8,9])
print(a)
```

程序运行结果：_____

2. 完善程序

下图所示程序的功能是从列表中随机选取 9 个数字，请在下画线处填写正确的代码，完善程序。

```
import random
a = range(3,100,2)
b =___❶___.sample(a, __❷__)
print(b)
```

程序代码：❶_____ ❷_____

3. 运行程序填写注解

运行用 Python 编写的随机生成姓名的程序，然后补充下画线处的注释，代码及运行结果如下页图所示。

```
import random
xing = ['赵','钱','孙','李','周','吴','郑','王']
ming = ['生','国','年','着','就','那','和','要','她',
'出','也','得','里','后','候','民','岁','往','何','度',
'山','觉','路','带','万','男','边','风','解','吃','妈',
'变','通','师','立','象','数','四','失','满','战','远',
'士','音','轻','目','条','呢','释','介','烧','误','娟']
for i in range(7):
    x   =   random.randint(0,len(xing))    # _____❶_____
    m1  =   random.randint(0,len(ming))
    m2  =   random.randint(0,len(ming))
    print(''+xing[x]+ming[m1]+ming[m2])    # _____❷_____
```

填写注释：❶_____ ❷_____

第 23 课

文章词频快统计
——数据处理

在做英语阅读理解题时，通常只要理解高频词汇的大致意思，就能理解文章的内容，从而对题目做出正确的解答。如果能编写一个小程序，快速对任意英文文章中单词的出现次数进行统计，给出词频统计表，还能按词频从高到低的顺序进行排列，这将是一件多么有趣的事啊！类似这样的大数据处理，对于 Python 来说可谓是小菜一碟，请跟着我们一起来学习吧！

1. 理解题意

根据题意，对于任意一篇英语文章，首先需要把文章录入一个文本文件中；其次对该文件进行单词净化处理；然后编号代码统计文章中单词在全文中出现的次数；最后根据生成的统计列表，按单词词频由高到低的顺序进行输出。

2. 开动脑筋

统计词频首先要对单词进行净化处理，即将所有的大写字母转换成小写字母，并将文章中的一些特殊符号进行更换，如把！、@、#、\$、％、^、&、*、()、_、¯、+、-、;、:、`、~、\、'、"、<、>、=、.、/、?、，更换为' '。

统计词频时，要考虑文章中的每一个单词，即需对全文进行该单词的统计，并做好重复次数的记录；还需要设计循环，对文章中的所有单词都进行同样的统计。

根据上述分析，思考并回答下面的问题。

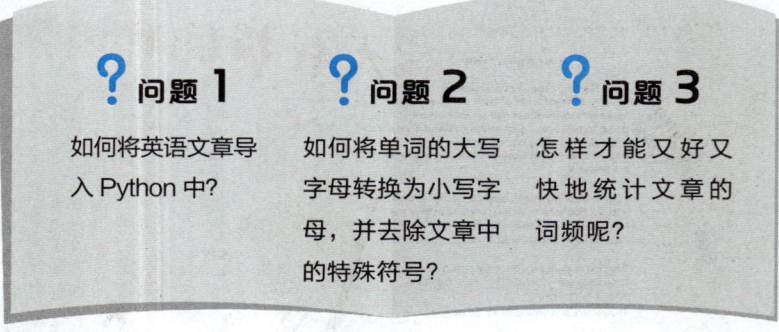

1. 思路分析

本案例先要将一个英语文本文件导入 Python 中，可以使用 text= open('zdwj.txt','r') 语句将英语文本文件"zdwj.txt"的内容赋给列表变量 text。

可以使用"text = text.read().lower()"语句将所有的大写字母转换为小写字母。再设置一个循环，分别将！、@、#、$、%、^、&、*、()、_、¯、+、-、;、:、`、~、\、'、"、<、>、=、.、/、?、，这些特殊字符更改为''。随后对单词进行词频统计，如下图所示。

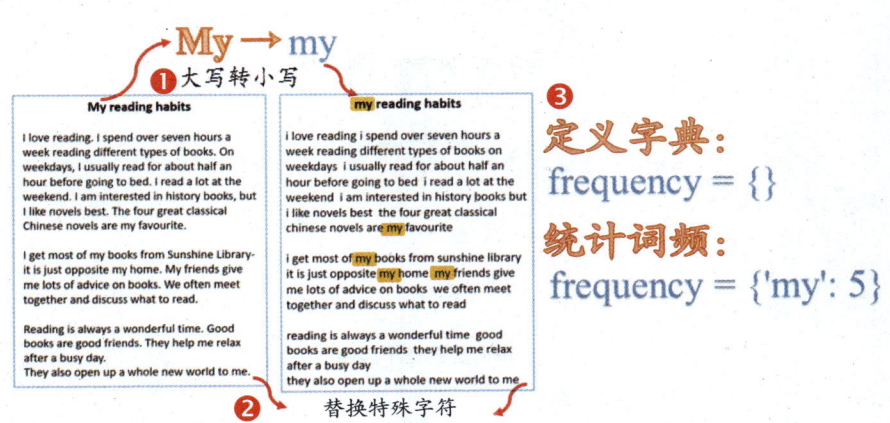

2. 算法描述

根据上述思路分析，求解步骤如下。

第 1 步：导入"zdwj.txt"的内容到列表 text 中。

第 2 步：将 text 中的大写字母转换成小写字母。

第 3 步：将 text 中的所有特殊字符更改为' '。

第 4 步：定义字典 frequency = {}。

第 5 步：设置循环，循环条件为统计单词，以空格来区分每个独立单词。

第 6 步：在循环体内，设置判断条件，判断单词是否在字典 frequency 中。

第 7 步：若单词不在字典中，则将该单词添加到字典中，并计数为 1。

第 8 步：若再次出现该单词，则字典中该单词的计数加 1。

第 9 步：重复循环，直至统计完所有单词。

第 10 步：显示统计结果。

其算法流程图如下页图所示。

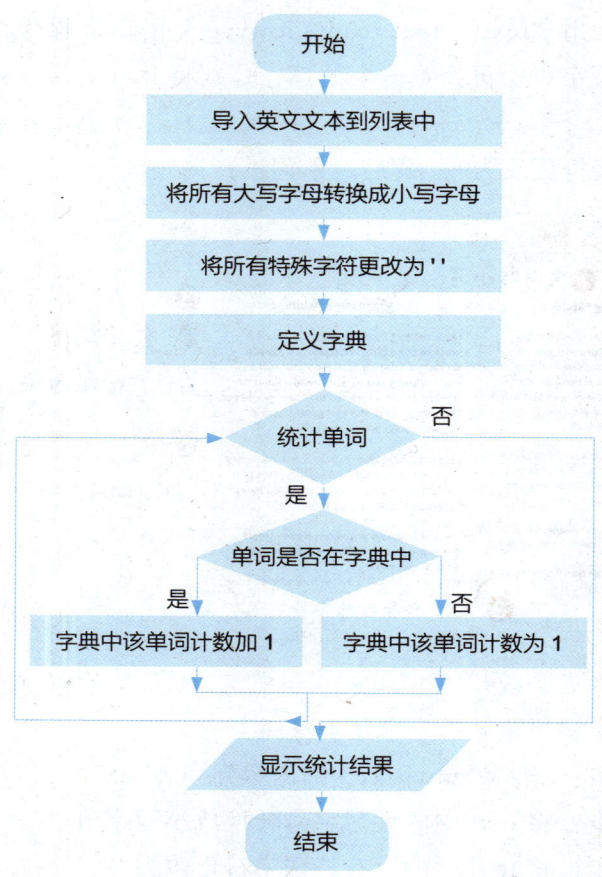

1. 编程实现

文件名 23-1.py 第23课 文章词频快统计——数据处理

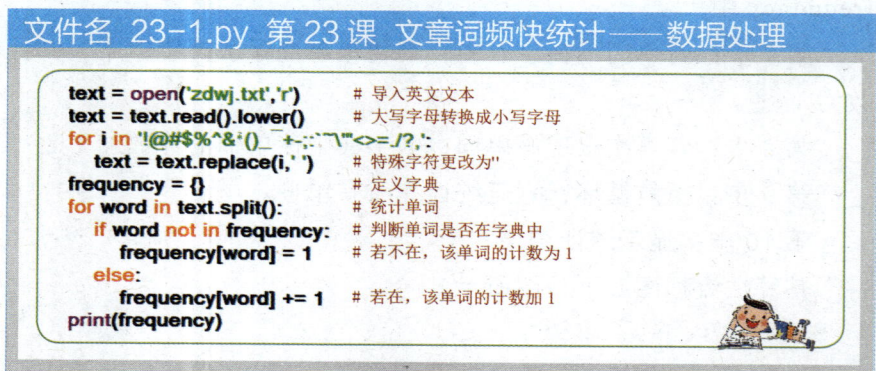

2. 测试程序

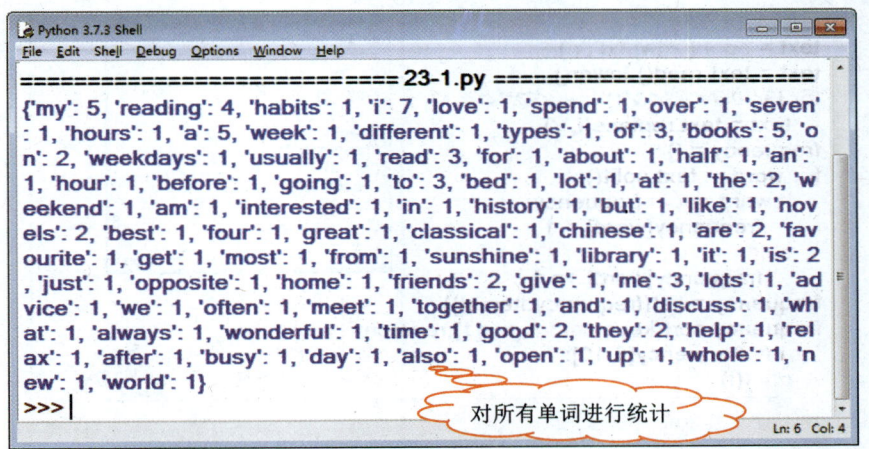

3. 答疑解惑

导入英文文本到 text 中，并将 text 中的大写字母转换成小写字母，以及将 text 中的所有特殊字符改为' '，这两点都比较容易理解。难点在于如何使用字典统计每个单词出现的次数，其关键代码解读如下图所示。

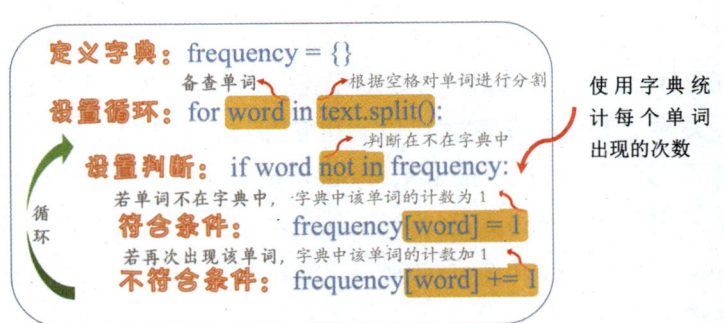

4. 优化程序

上述程序运行后，只是将所有单词统计出来但不进行排序，这样程序结果显得比较混乱。如果要将单词的词频按照由高到低的顺序进行排列，如显示词频最高的前 10 个单词，优化后的程序代码与运行结果如下页图所示。

文件名 23-2.py 第23课 文章词频快统计——数据处理（优化处理）

```
text = open('zdwj.txt','r')
text = text.read().lower()
for i in '!@#$%^&*()_ +-;:`"\<>=./?,':
    text = text.replace(i,' ')
frequency = {}
for word in text.split():
    if word not in frequency:
        frequency[word] = 1
    else:
        frequency[word] += 1
frequency = list(frequency.items())           # 遍历列表的值
frequency.sort(key=lambda x:x[1],reverse=True) # 排序
for i in frequency[0:10]:                      # 循环字典前10个单词
    print(i)                                   # 输出排序结果
```

```
=========23-2.py=========
('i', 7)
('my', 5)
('a', 5)
('books', 5)
('reading', 4)
('of', 3)
('read', 3)
('to', 3)
('me', 3)
('on', 2)
```

语句 frequency.sort(key=lambda x:x[1],reverse=True) 的功能是对列表的结果进行排序操作。其中 sort() 是排序函数，reverse=True 表示按从大到小的顺序进行排序。

阅览室

1. open() 函数

在 Python 中，open() 函数用于打开一个文件。只有先创建一个 file 对象，相关的函数才可以调用它并进行读写操作。

● **函数语法**：open(name[, mode[, buffering]])。

● **参数说明**：name 是一个包含了要访问的文件名称的字符串值；mode 决定了打开文件的模式，如只读、写入、追加等，默认打开文件的模式为只读。

● **file 对象方法**：file.readline() 表示返回一行；file.write("hello\n") 表示要写入除字符串以外的数据时，先将其转换为字符串再写入；file.close() 表示关闭文件。

2. split() 函数

split() 拆分字符串函数的功能是通过指定分隔符对字符串进行

切片，并返回分割后的字符串列表（list）。

● **函数语法**　str.split(str="",num=string.count(str))[n]。

● **参数说明**　str 表示分隔符，默认为空格，但是不能为空（""）。若字符串中没有分隔符，则把整个字符串作为列表的一个元素。

3. sort() 函数

sort() 函数用于对原列表进行排序。如果指定了参数，则使用比较函数指定的比较参数。

● **函数语法**　list.sort(cmp=None, key=None, reverse=False)。

● **参数说明**　cmp 是可选参数，如果指定了该参数，程序会根据该参数进行排序；key 主要是用于进行比较的元素，只有一个参数，具体函数的参数就取自于可迭代对象，指定可迭代对象中的一个元素可以进行排序；reverse 表示排序规则，reverse = True 表示降序，reverse = False 表示升序（默认）。

```
aList = ['Google', 'Runoob', 'Taobao', 'Facebook']
print ("初始值: ", aList)
aList.sort()
print ("aList.sort()后: ", aList)
vowels = ['e', 'a', 'u', 'o', 'i']
print ('初始值:', vowels)
vowels.sort(reverse=True)    # 降序
print ('vowels.sort(reverse=True)后:', vowels)
```

运行结果：
```
初始值: ['Google', 'Runoob', 'Taobao', 'Facebook']
aList.sort()后: ['Facebook', 'Google', 'Runoob', 'Taobao']
初始值: ['e', 'a', 'u', 'o', 'i']
vowels.sort(reverse=True)后: ['u', 'o', 'i', 'e', 'a']
```

 创新园

1. 阅读程序写结果

```
word = ['lily','hanmei','lilei','lily','hamei','hamei','lily']
count={}
for i in word:
    if i not in count:
        count[i] =1
    else:
        count[i] +=1
print(count)
```

程序运行结果：_____

2. 完善程序

下图所示的程序的功能是根据输入的数字进入对应的页面，请在下画线处填写正确的代码，完善程序。

```
def home():    print("欢迎进入猜谜语游戏")
def finance(): print('谜面：万紫千红 （打一字）')
def book():    print('谜底：艳（"艳"字可拆分为"丰"和"色"，即颜色丰富")')
option = "===  1. 首页   2. 谜面   3. 谜底  ==="
option_dic = {
    '1': home,
    '2': finance,
    '3': ___❶___
    }
print(___❷___)
while True :
    key_num = input('请输入您要进入页面前的数字：')
    if key_num in option:
        option_dic[key_num]()
    else:
        print('输入有误')
```

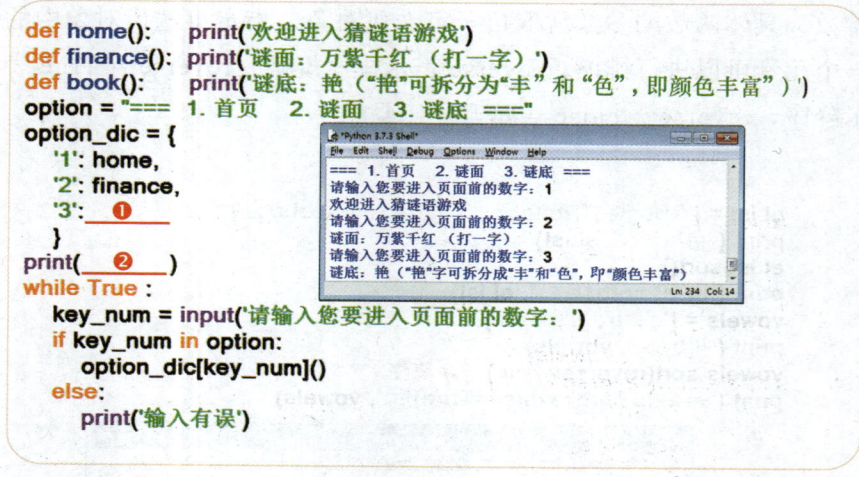

填写代码：❶_____ ❷_____

第24课 单词记忆勤训练——字典应用

扫一扫，看视频

影响人类记忆的因素主要有两个：一个是记忆速度，另一个是遗忘速度。英语学习中，难免要背诵单词，我们可以使用Python开发一个强化单词记忆的小程序。该程序会随机给出一个单词的中文解释，用户输入单词对应的英文，程序会进行自动比对，然后给出判断结果。利用该程序，我们既可以巩固记忆单词，又能锻炼我们的程序编写能力，一举两得。

单词记忆训练
me：我
name：名字
is：是
clock：时钟

1. 理解题意

根据程序功能要求,我们先要建立一个单词库。假设单词库中有"me""我""name""名字""is""是""clock""时钟"这些信息,如下图所示。在这个单词库中随机抽出一个单词的中文解释,如"名字",此时输入 name,程序会判断输入正确。继续练习,程序将再随机抽出一个单词的中文解释,如"时钟",此时输入 clack,程序进行比对后,发现不是 clock,判断输入错误。

2. 开动脑筋

根据程序需求,思考并回答下面的问题。

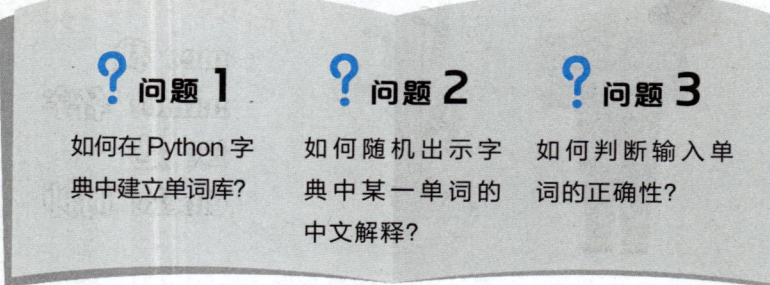

问题 1 如何在 Python 字典中建立单词库?

问题 2 如何随机出示字典中某一单词的中文解释?

问题 3 如何判断输入单词的正确性?

1. 思路分析

根据题意，我们先要建立一个单词字典。字典定义的格式为 dict({'key' : 'value', 'key' : 'value'})。其中 key 为字典的键，用来存放英文单词；value 为字典的值，用来存放中文解释。

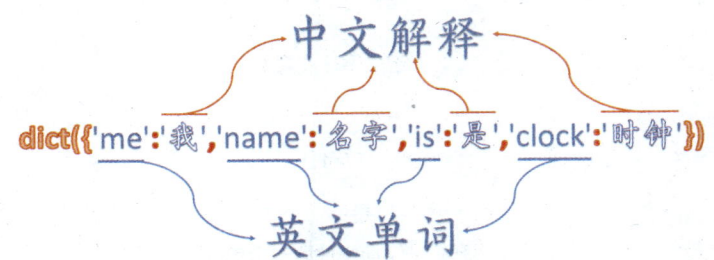

接着对字典进行随机选择操作，选中并显示其中某一单词的中文解释，这时输入对应的英文单词后，程序对输入的结果进行比对判断。

判断环节结束后，程序再给出是否继续练习的选择，如输入 Y 或 y，就对上述操作过程进行重复，否则退出程序。

2. 算法描述

根据上述思路分析，求解步骤如下。

第 1 步：定义单词字典。

第 2 步：设置循环变量 f=1。

第 3 步：定义 while 循环的条件为 f。

第 4 步：定义循环内的变量 w1，用来保存从字典中随机选择的一个单词。

第 5 步：显示选中单词的中文解释。

第 6 步：接收输入的单词。

第 7 步：对该单词进行判断，并给出判断结果。

第 8 步：询问是否继续，若继续则重复循环，若不继续则退出程序。

其算法流程图如下图所示。

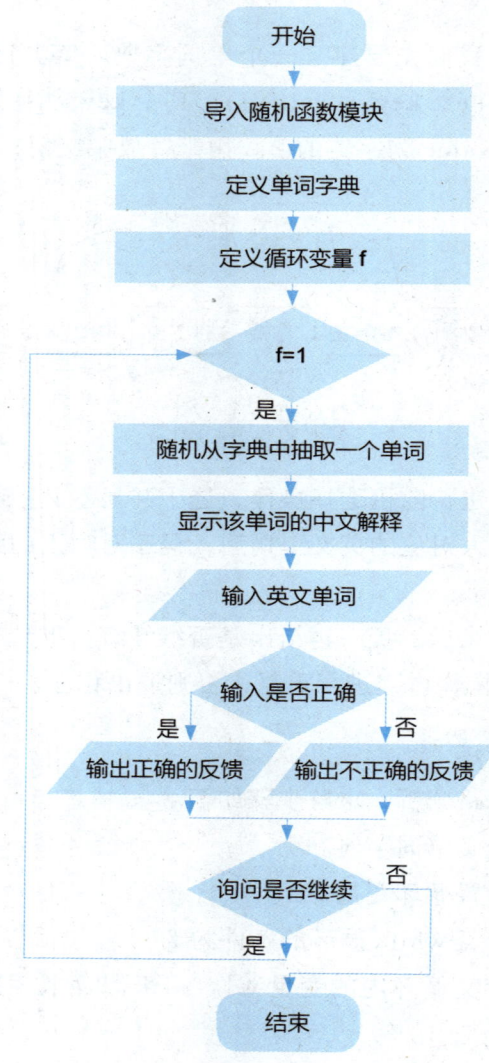

加工坊

1. 编程实现

文件名 24-1.py 第 24 课 单词记忆勤训练——字典应用

```python
import random
a=dict({'me':'我','name':'名字','is':'是','clock':'时钟'})
f=1
while(f):
    w1 = random.sample(a.keys(),1)       # 随机抽取一个英文单词
    print("单词库中随机抽取的是：",a["".join(w1)])  # 显示中文解释
    n = input("请输入对应的英文单词:")
    if n in a.keys():                     # 在字典中查找输入的英文单词
        print("你的输入正确！")
    else:
        print("你的输入不正确！")
    c=input(" 是否继续？（y/n）:")
    if c=='y' or c=='Y':                  # 判断是否继续
        f=1
    else:
        f=0
```

2. 测试程序

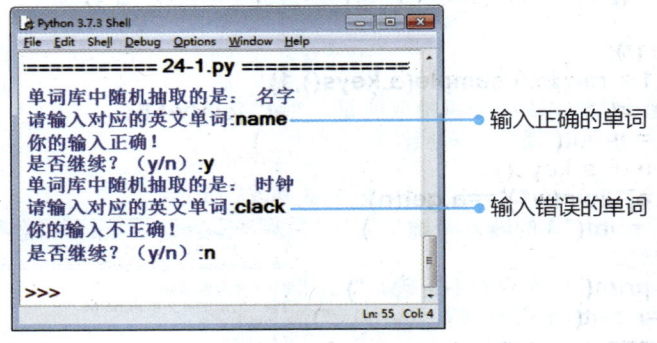

3. 答疑解惑

本程序在字典中随机抽取英文单词的语句为"w1 = random.sample(a.keys(),1)"，a["".join(w1)]表示所抽取的英语单词在字典中所对应的中文解释，代码解读过程如下页图所示。

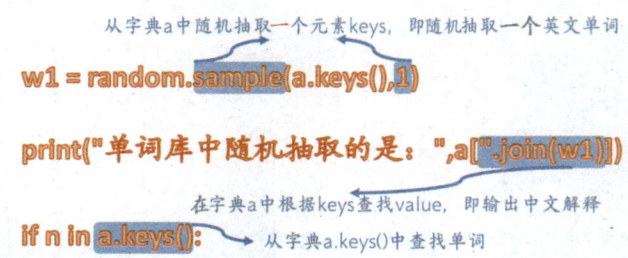

4. 优化程序

上述程序在执行时,若正常输入,不会存在问题,但在某种特殊的输入情况下就会出现错误。例如,当出现"时钟"时,如果输入"clack"是会报错的,但如果输入的是"name",程序会认为输入是正确的。这是因为执行语句"n = input("请输入对应的英文单词:")"和"if n in a.keys():"时,输入的单词n是在字典中查找,只要字典中有该单词,程序就会输出判断正确的结果。为解决此程序的漏洞,需修改代码,优化后的代码及运行结果如下图所示。

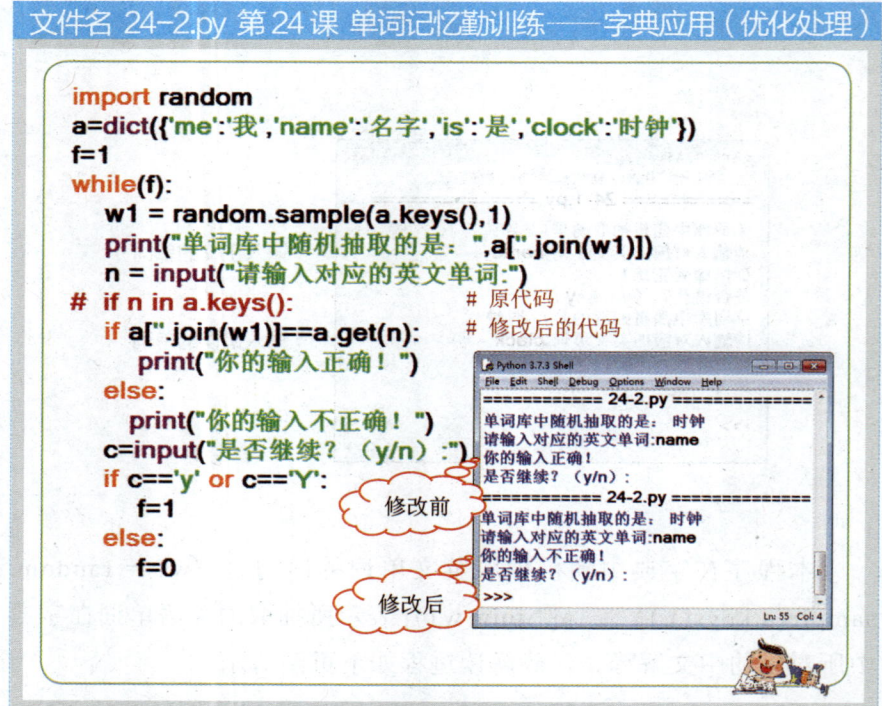

阅览室

1. 在字典中添加单词

在 Python 中，若使用手动的方式添加单词，如 a=dict({'me':' 我 ','name':' 名字 ','is':' 是 ','clock':' 时钟 '})，有两个弊端。一是要输入过多的字符，不方便操作；二是输入容易出错。我们可以编写一个添加单词的自定义函数，如要添加单词，只需调用这个函数即可。

```
def addword():          # 添加单词
    n=input("请输入这个单词:")
    x=input("请输入中文意思:")
    a[n]=x

a=dict()
addword()
```

使用自定义函数添加英文单词

2. 在字典中用键与值相互查找

字典定义的格式为 dict({'key' : 'value', 'key' : 'value'…})。在本案例中，key 为字典的键，用来存放英文单词；value 为字典的值，用来存放中文解释。在输入英文或中文解释，需在字典中查找对应的内容时，就需要键与值相互查找了。例如：

a=dict({'me':' 我 ','name':' 名字 ','is':' 是 ','clock':' 时钟 '})

用 key 查 value 很简单，直接调用 dict ['key'] 即可，实现方式如下：

>>>a [' name ']

结果显示：名字。

但如果我们想用 value 去查找 key，则会相对复杂一点儿。这需要充分利用 keys() 、values()、index() 函数，实现方式如下：

>>> list (a.keys()) [list (a.values()).index (' 名字 ')]

结果显示： name。

1. 阅读程序写结果

```
a=dict({'me':'我','name':'名字','is':'是','clock':'时钟'})
for k in a.keys():
    print(k)
```

程序运行结果：_____

2. 按要求编写程序

按照下图所示的程序运行结果编写一个 Python 程序。该程序的功能为随机显示英文单词，在用户输入中文解释后，程序判断输入的中文解释是否正确，并给出判断结果。

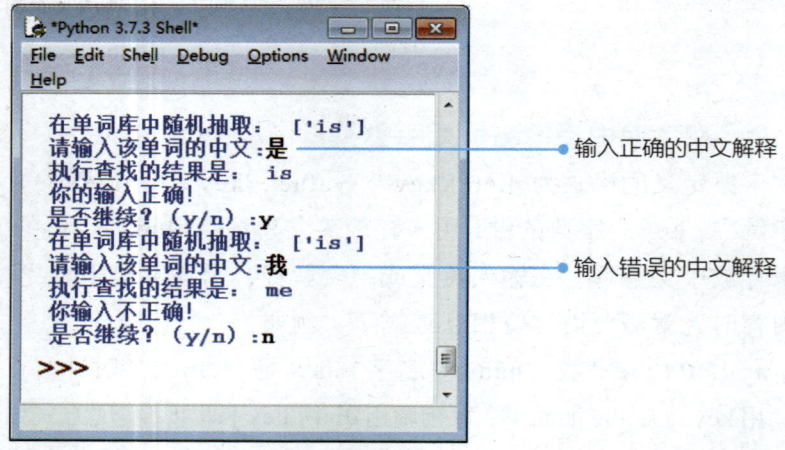

【提示】参考本课案例进行仿写，其中"list (a.keys()) [list (a.values()).index (' 名字 ')]"语句表示根据输入的中文解释查找相应的英文单词。

第 8 单元　生物课堂

在生物课堂中，我们将综合运用前面所学的基础知识，用解析法探究细胞分裂的神奇之处，用穷举法寻找神秘的基因编码，用递归法统计兔子繁殖的数量，以培养学生的计算思维能力为导向，让学生在编写趣味程序的过程中认识算法、应用算法。

学习内容

- 第 25 课　细胞分裂好神奇——解析法
- 第 26 课　神秘的基因编码——穷举法
- 第 27 课　兔子繁殖能力强——递归法

第 25 课

细胞分裂好神奇
——解析法

扫一扫，看视频

19世纪，德国植物学家施莱登和动物学家施旺提出了细胞学说。他们认为一切生物都是由细胞组成的，细胞是生命的结构单位，细胞只能由细胞分裂而来等。右图所示为细胞的分裂过程，1个细胞，

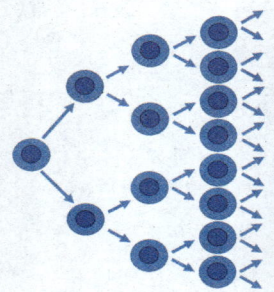

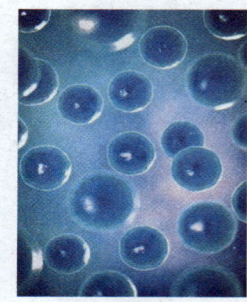

第1次分裂成2个细胞，第2次2个细胞分裂成4个细胞，第3次4个细胞分裂成8个细胞……请使用解析法试着编写一个 Python 程序，算一算第 x 次会分裂成多少个细胞。

1. 理解题意

在分析本案例前，先来理解一个概念——解析法。

一般显微镜的目镜上刻有"10×"的字样，物镜上刻有"40×"的字样，通过检验得知该显微镜的放大倍数是400倍（10×40）。同理，目镜上刻有"20×"的字样，物镜上刻有"30×"的字样，通过检验得知该显微镜的放大倍数是600倍（20×30）。

根据上述的分析，可以推导出显微镜放大倍数的求解计算公

式，即放大倍数 = 目镜倍数 × 物镜倍数。我们将这种分析问题并得出有规律的求解公式的过程称为解析法（或分析法）。

凡能用解析法求解的问题都可以通过定量分析，并能用解析表达式进行描述。在细胞分裂的案例中，我们依据所给的条件，可以推算出前 6 次分裂的细胞个数，如下表所示。

细胞分裂次数（x）	细胞个数（n）	解析公式
0	1=1	
1	1×2=2	n=2**x
2	1×2×2=4	n=2**x
3	1×2×2×2=8	n=2**x
4	1×2×2×2×2=16	n=2**x
5	1×2×2×2×2×2=32	n=2**x
6	1×2×2×2×2×2×2=64	n=2**x

2. 开动脑筋

用解析法解决问题的关键是找出求解问题的解析表达式。请开动脑筋，思考并回答下面的问题。

问题 1
细胞个数与分裂次数的关系是什么？

问题 2
怎么编写分裂次数 x 变化的程序代码？

1. 思路分析

算法是指解题方案准确、完整的描述，是一系列解决问题的清晰指令。要确立算法，首先需要明确问题需求，然后做需求分析，在需求分析的基础上确定问题解决的方案，最后列出解决问题的具体步骤。

根据题意可以得知，细胞分裂的解析表达式为 n=2**x。可以使用循环结构来表示"解析"的过程，如下图所示。

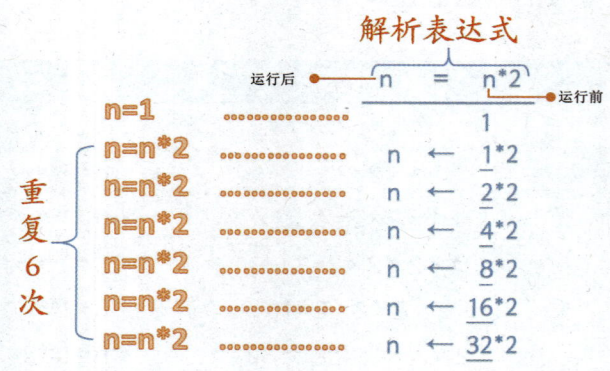

2. 算法描述

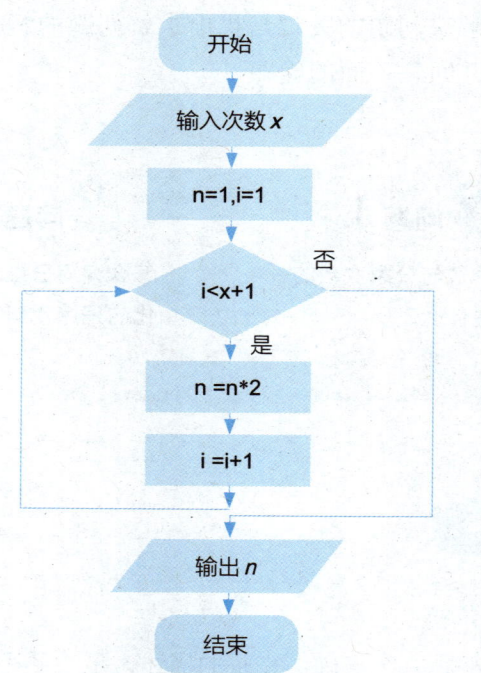

 加工坊

1. 编程实现

文件名 25-1.py 第 25 课 细胞分裂好神奇——解析法

```
x=int(input ('请输入分裂的次数值x：'))   # 定义初始值
n=1                                    # 设置循环条件
for i in range (1,x+1):                # 设置关键表达式
    n=n*2
print ('第%d次分裂成%d个细胞'%(x,n))    # 格式化输出结果
```

2. 测试程序

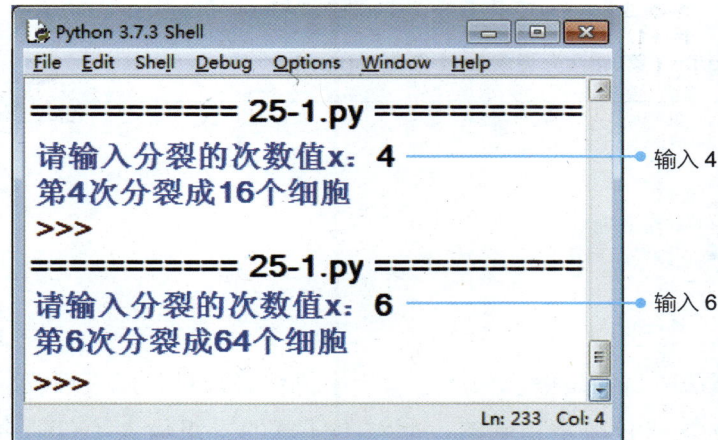

输入 4

输入 6

3. 答疑解惑

编写程序时，因为n=n*2，所以n的初始值必须为1，不能为0。在使用 for 循环设置范围时，"for i in range(1,x+1):"中的 x 如果不加 1，将少循环 1 次。在最后一句格式化输出时，%d 表示将输出的变量格式化为有符号整数（十进制），在输出引用 x 和 n 两个变量时，需加括号。

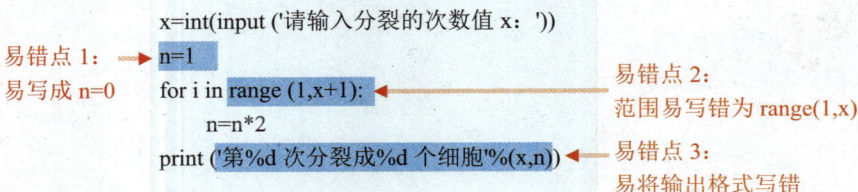

4. 拓展应用

与解数学题时的"一题多解"一样，同一个问题会有多种解决方法。本案例还可以使用 while 循环来解决，具体程序代码如下图所示。

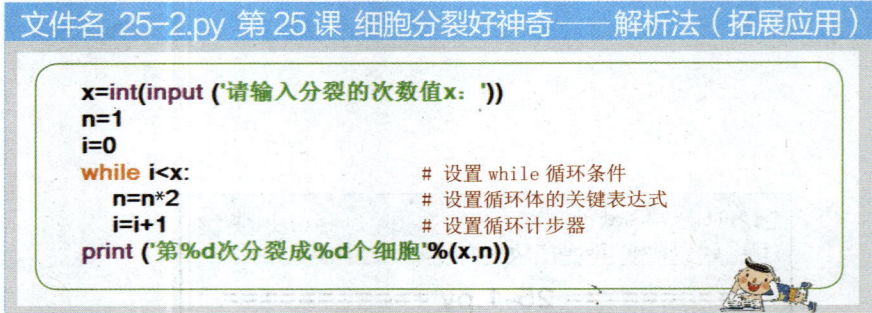

1. 算法

算法的目的是解决问题，故一个算法必须具备以下性质。

● 算法必须是正确的，即对于任意的一组输入（包括合理的输入与不合理的输入），总能得到预期的输出。

● 无论算法有多复杂，都必须在有限步之后结束并终止运行，即算法的步骤必须是有限的。在任何情况下，算法都不能陷入无限循环中。

- 每个步骤都必须有确定的执行顺序，即"上一步在哪里""下一步是什么"都必须明确，无二义性。
- 算法必须是由一系列具体步骤组成的，并且每一步都能够被计算机所识别和执行，而不是抽象和模糊的概念。

综上所述，一般算法具有输入项、输出项、有穷性、确定性和可行性 5 个基本特征。

2. 解析法

"解析"这个词对我们来说并不陌生，我们经常使用"解析表达式""解析几何"等说法。所谓"解析"，就是剖析、深入分析。

解析法就是在分析具体问题的基础上，提取出一个数学模型，这个数学模型能用若干个解析表达式表示出来，解决了这些解析表达式，问题也就得以解决了。解析法是程序设计中最常用的算法之一。

1. 阅读材料回答问题

研究表明，蚂蚁在爬行过程中会释放一种名为"信息素"的挥发性化学物质，用来标识自己的行走路径。在寻找食物的过程中，蚂蚁会根据信息素尝试选择行走方向，并最终到达食物所在的地方。下图所示的 A→1→2→3→F 是一条路径，A→2→F 也是一条路径。

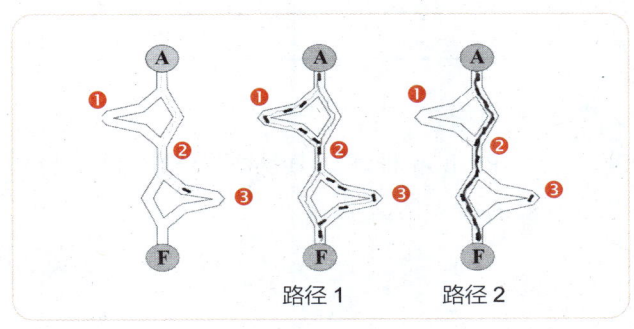

从 A 点到 F 点共有多少条路径：_____
从 A 点到 F 点中哪条路径最长：_____
从 A 点到 F 点中哪条路径最短：_____

2. 用自然语言写算法描述

做"探究馒头在口腔中的变化"的实验时，实验过程如下：切馒头（2分钟）、洗试管（3分钟）、取唾液（5分钟）、搅拌（1分钟）、放入37℃的温水中（8分钟）、加碘液（1分钟）。此实验可以使用定量模拟分析法，分别做3组实验，模拟馒头在口腔中的变化，如下图所示，最后得出实验结论。为提高实验效率，请设计一套最节约时间的方案。

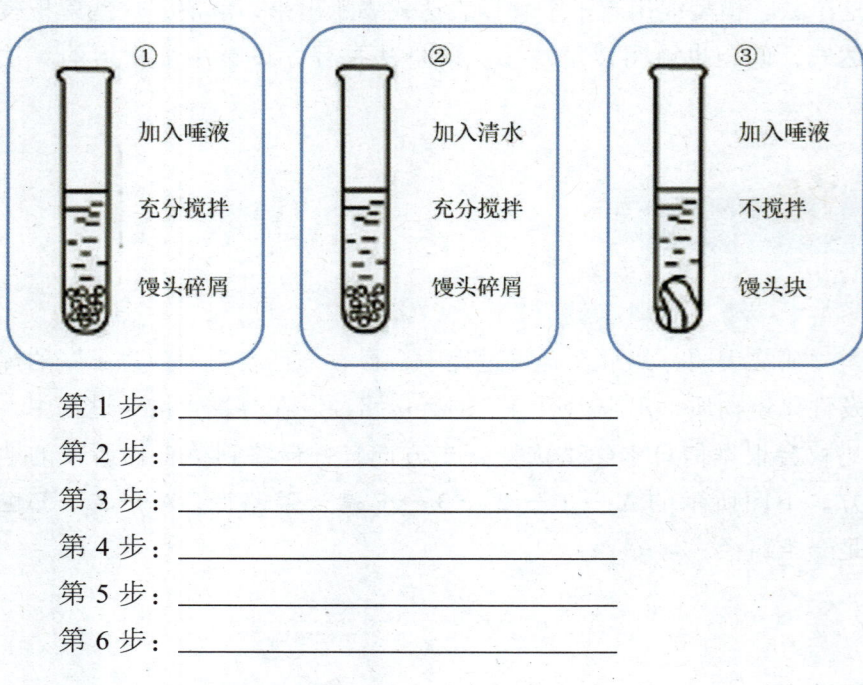

第1步：_____
第2步：_____
第3步：_____
第4步：_____
第5步：_____
第6步：_____

3. 按要求编写程序

尝试编写一个 Python 程序，其功能为输入目镜与物镜的放大倍数，输出显微镜的放大倍数。

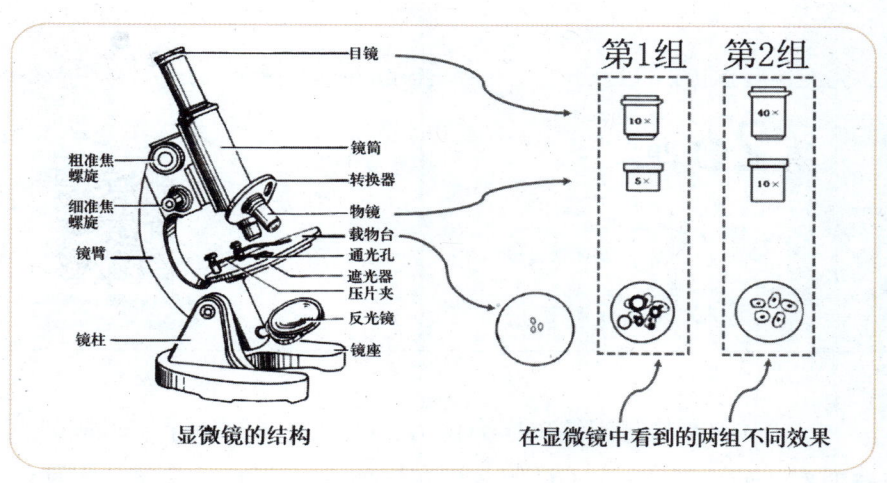

显微镜的结构　　在显微镜中看到的两组不同效果

【提示】显微镜的放大倍数等于目镜放大倍数乘以物镜放大倍数。

第 26 课

神秘的基因编码
——穷举法

扫一扫，看视频

一个 DNA 的基因编码序列由 A、C、G、T 这 4 个字母排列组合而成，如下图所示。GC 值是指在序列中 G 和 C 两个字母出现的总次数除以序列字母个数的值。如果 GC 值高，那么就有可能是基因的起始点。在基因工程中，这个比例非常重要，研究人员经常需要找出 GC 值最高的子序列。你能用编程解决这个问题吗？

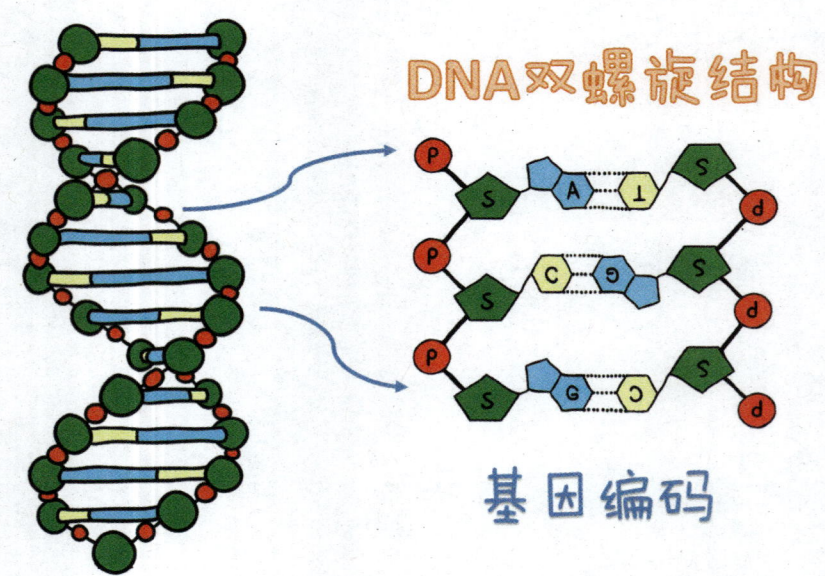

研究室

1. 理解题意

根据题目描述,首先我们需要输入一个字符型基因序列,以及一个整型最小子序列的长度数值,然后程序需要逐一找出 GC 值最高的子串。如果有多个,则输出第一个子串。

假设输入的 DNA 基因序列为"AACTGTGCATGCCTCTGCGCGA",若输入的最小子序列的长度为"5",则 GC 值最高的子串是"GCGCG";若输入的最小子序列的长度为"3",则 GC 值最高的子串是"GCC"。

2. 开动脑筋

本题实际上是通过输入一个最小子序列的长度来找出 DNA 基因序列中 GC 值最高的子串。在编程时,可采用循环结构,逐一进行统计比较,找出 GC 值最高的子串。我们将这种逐一比较的过程称为穷举法(或枚举法)。请开动脑筋,思考并回答下面的问题。

问题 1
如何统计并判断 GC 值最高?

问题 2
如何进行逐一比对,找出 GC 值最高的子序列?

1. 思路分析

首先要接收所输入的基因序列 jy，并求出这个基因序列的长度。然后再接收输入的最小子序列长度 n，并定义两个计数器 res 和 buff，以及 GC 值最高的最小子序列 min_jy。

我们可以在循环中采用枚举法逐一统计 GC 的个数，将统计的数值存放在计数器 buff 中。设置循环判断条件 res< buff，若条件为真，就让 res = buff，同时令 min_jy = jy[i:i+n]，如下图所示。

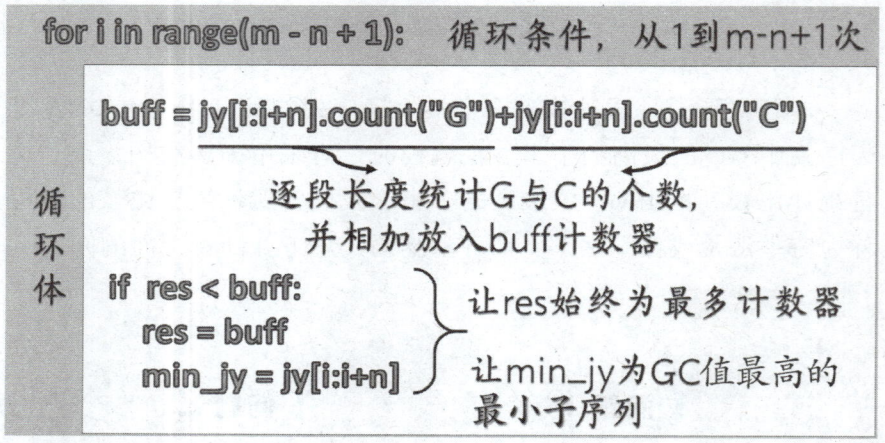

2. 算法描述

根据上述思路分析，求解步骤如下。

第 1 步：接收输入的基因序列 jy 和最小子序列长度 n。

第 2 步：设置 m 为总长度，设置统计 GC 个数的计数器 res = 0，定义 min_jy = []。

第 3 步：设置循环条件"for i in range(m - n + 1):"。

第 4 步：设置循环体内的统计计数器 buff = jy[i:i+n].count("G")+jy[i:i+n].count("C")。

第 5 步：设置循环体内的条件判断 if res < buff:。

第 6 步：设置条件判断的内容，找出 GC 最多的个数与序列，即 res = buff，min_jy = jy[i:i+n]。

第 7 步：重复循环，让 i=i+1，直至循环结束。

第 8 步：输出记录 GC 值最高的最小子序列 min_jy。

以上的求解过程在循环中进行了逐一的统计与比对，这是典型的穷举法，其算法流程图如下图所示。

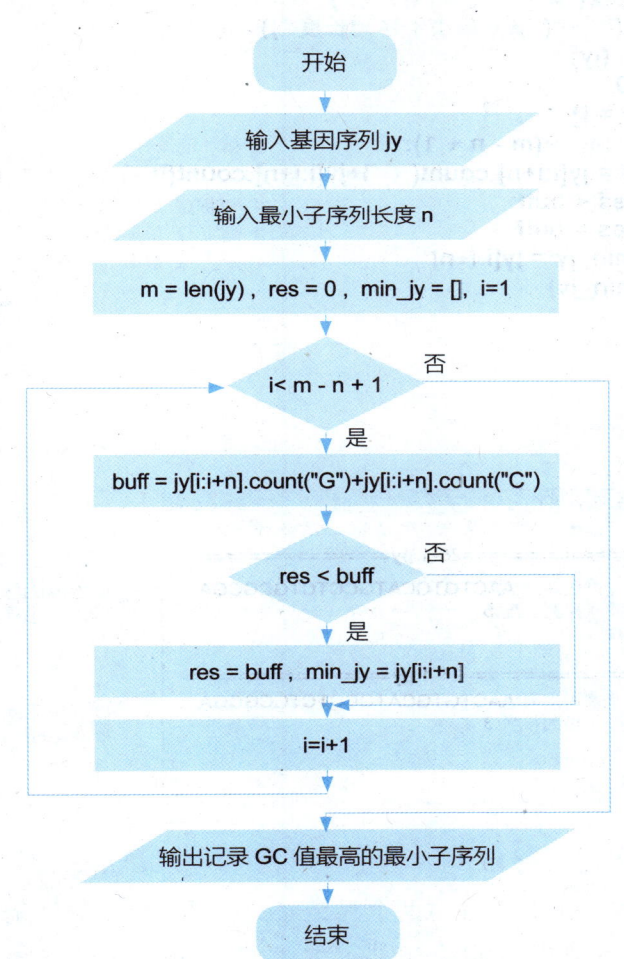

加工坊

1. 编程实现

文件名 26-1.py 第 26 课 神秘的基因编码——穷举法

```python
jy = input("输入一个基因序列:")
n = int(input("输入最小子序列长度:"))
m = len(jy)
res = 0
min_jy = []
for i in range(m - n + 1):                               # 循环的条件
    buff = jy[i:i+n].count("G")+jy[i:i+n].count("C")     # 统计GC个数
    if res < buff:                                        # 判断GC最多的个数
        res = buff                                        # 确定GC最多的个数
        min_jy = jy[i:i+n]                                # 确定GC最多的子序列
print(min_jy)
```

2. 测试程序

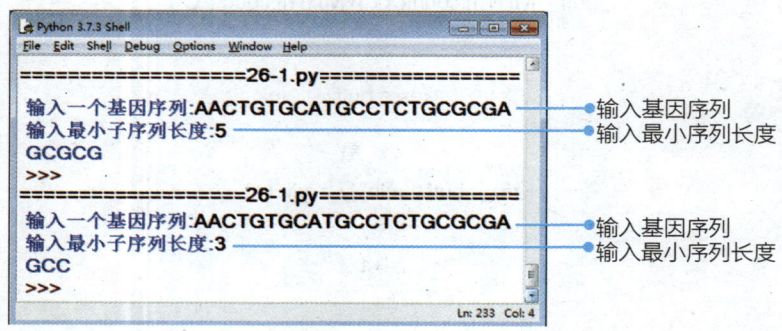

输入基因序列
输入最小序列长度

输入基因序列
输入最小序列长度

3. 答疑解惑

编写程序时，要注意两个易错点：一是在设置循环条件时，对range(m-n+1)的设置常会出错；二是对"buff = jy[i:i+n].count("G")+jy[i:i+n].count("C")"语句的理解有误，其中jy[i:i+n]是指每次循环需统计的范围，在编写代码时其中的"."容易缺失。

```
jy = input("输入一个基因序列:")
n = int(input("输入最小子序列长度:"))
m = len(jy)
res = 0
min_jy = []
for i in range(m - n + 1):
    buff = jy[i:i+n].count("G")+jy[i:i+n].count("C")
    if  res < buff:
        res = buff
        min_jy = jy[i:i+n]
print(min_jy)
```

易错点1：循环范围易设置不对

易错点2：统计格式与标点易错

4. 拓展应用

DNA有两条链，但是通常我们只用其中一条链来表示，另外一条链的序列是这条链序列的反向互补序列。利用Python我们可以轻松地实现DNA序列的反向、互补及反向互补。我们可以定义函数DNA_complement()来实现DNA序列互补配对，定义函数DNA_reverse()来实现DNA序列反向配对，其程序代码及运行结果如下图所示。

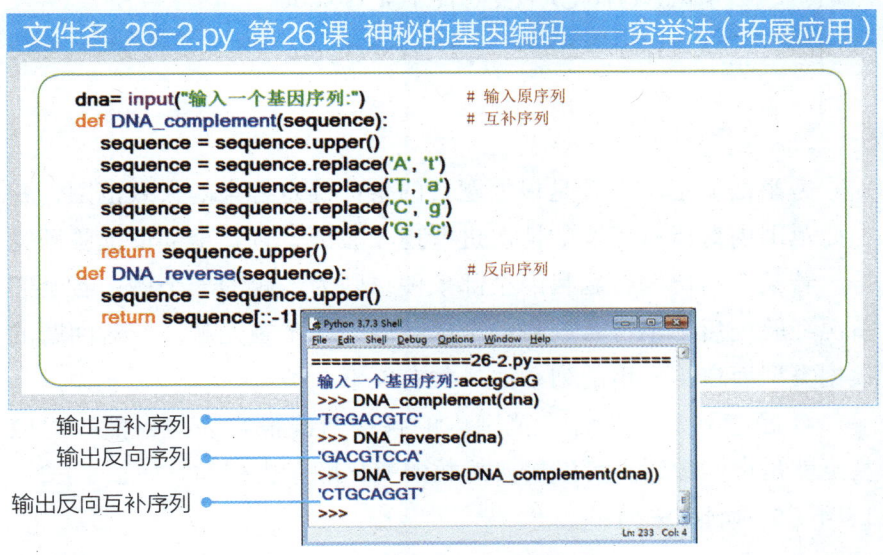

文件名 26-2.py 第26课 神秘的基因编码——穷举法（拓展应用）

阅览室

1. count() 函数

count() 函数用于统计字符串里某个字符出现的次数，并且可以选择字符串的起始字符和终止字符。本课案例中，利用 count() 函数，当 n=5，jy=AACTGTGCATGCCTCTGCGCGA，jy[i:i+n].count("G") + jy[i:i+n] .count("C") 时，得到的 buff 变化如下表所示。

循环次数	描述	buff
1	AACTGTGCATGCCTCTGCGCGA	2
2	AACTGTGCATGCCTCTGCGCGA	2
3	AACTGTGCATGCCTCTGCGCGA	3
4	AACTGTGCATGCCTCTGCGCGA	3
……	……	……
15	AACTGTGCATGCCTCTGCGCGA	5
16	AACTGTGCATGCCTCTGCGCGA	4

2. 穷举法

穷举法的基本思想是根据题目的条件确定答案的大致范围，并在此范围内对所有可能的情况进行逐一验证，直到全部情况验证完毕。若某个情况符合题目的全部条件，则为本题的一个解；若全部情况经验证后都不符合题目的全部条件，则本题无解。针对问题的数据类型而言，常用的列举法一共有以下 3 种。

● **顺序列举** 当答案范围内的各种情况很容易与自然数对应甚至就是自然数时，可以按自然数的变化顺序去列举，如按 1、2、3、4、5 的顺序去列举。

● **排列列举** 有时答案的数据形式是一组数的排列，这种列举出所有答案所在范围内的排列就为排列列举，如按 1、3、5、7、9 的方式排列。

● **组合列举** 当答案的数据形式为一些元素的组合时，往往需要用组合列举。组合是无序的，如本课案例中的 jy=AACTGTGCATGCCTCTGCGCGA 组合列举。

1. 修改程序

已知 $3x+4y = 100$，求 x 与 y 的整数解。使用穷举法编程实现，程序代码如下，其中有两处错误，请改正。

```
x = 0
❶ while x <= (100/3):
❷     if(100 - 3*x) % 4 = 0:
        y = (100 - 3*x) // 4
        print("共有解：x的值是 %d,y的值是 %d"%(x,y))
❸     x=x-1
```

正确代码：❶_____ ❷_____ ❸_____

2. 完善程序

一辆卡车违反交通规则后逃逸，现场有 3 人目击了整个事件，但都没有记住车牌号，只记下了车牌号的一些特征。甲说："车牌号的前两位数字是相同的。"乙说："车牌号的后两位数字是相同的，但与前两位不同。"丙是数学家，他说："车牌号的四位数字刚好是一个整数的平方。"请根据以上线索补充下方程序下画线处的代码，完善程序，求解出正确的车牌号。

```
from math import sqrt
for a in range(  ❶  ):
    for b in range(  ❷  ):
        if a != b:
            n = a*1100+b*11
            q = sqrt(  ❸  )
            if q == int(q):
                print(n)
```

程序代码：❶_____❷_____❸_____

3. 编写程序

使用穷举法编程：公鸡1只5元，母鸡1只3元，小鸡3只1元，求用100元买100只鸡，公鸡、母鸡、小鸡分别有多少只？

【提示】关键语句：if cock * 5 + hen * 3 + chick/3 == 100:，if cock + hen + chick == 100:。

第 27 课

兔子繁殖能力强
——递归法

扫一扫，看视频

有个农夫养了一对兔子，已知兔子出生后第 3 个月起，每个月可以生一对小兔子。假如兔子都不死，问第 n 个月后，兔子总数为多少对？通过分析可知，兔子对数的规律为数列 1，1，2，3，5，8，13，21……你能用编程来计算兔子的对数吗？

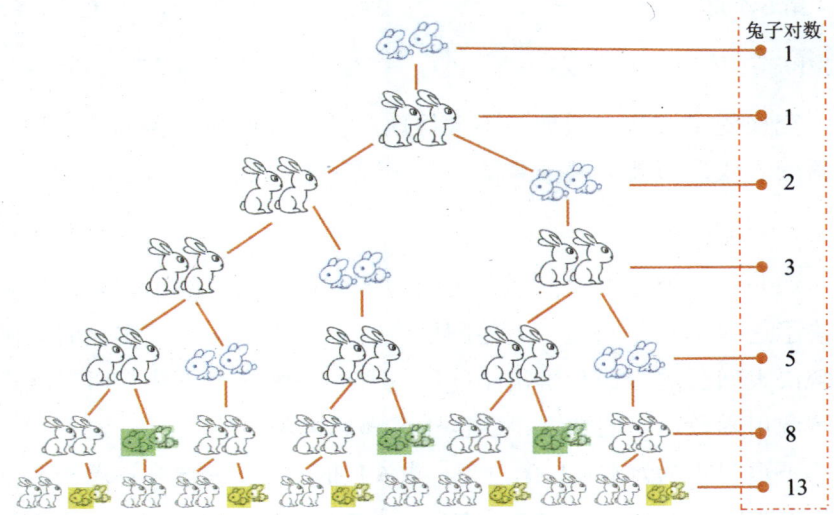

1. 理解题意

本案例以 1 对为单位，那么从第 1 个月开始，每个月总共的兔子对数是 1，1，2，3，5，8，13……可以看出前两个月兔子对数为 1，从第 3 个月开始，当月的数量为前两个月的数量之和。其实这就是数学中常说的斐波那契数列。

根据所给的条件，可以推算出前几个月的兔子对数。通常我们使用常规的交换变量法来求解，假设第 1 项为 f1=1，第 2 项为 f2=1，那么第 3 项为 f1=f1+f2，第 4 项为 f2=f1+f2，以此类推进行循环，如下表所示。

月份	兔子对数	计算方法	交换变量法
第 1 个月	1	题设	f1=1
第 2 个月	1	题设	f2=1
第 3 个月	2	1+1	f1=f1+f2
第 4 个月	3	1+2	f2=f1+f2
第 5 个月	5	2+3	f1=f1+f2
第……个月	……	……	……

交换变量方法太烦琐，不太好理解。在本课中，我们将使用一种新的、代码简洁的编程算法——递归法来求解此类问题。

2．开动脑筋

递归法是把一个大的问题转换为多个相似的小的子问题，只要解决了这些小的子问题，大的问题也就解决了。在函数实现时，因为解决大问题的方法和解决小问题的方法是同一个方法，所以就产生了调用函数自身的情况，这也正是递归的特点。

下页图所示为求 6！的过程。求 6！时，需先求 5！；求 5！时，需先求 4！；求 4！时，需先求 3！；求 3！时，需先求 2！；求 2！时，需先求 1！。此时知道 1！=1，返回求 2！，可得 2！=2*1！=2；再返回求 3！，可得 3！=3*2！=6；再返回求 4！，可得 4！=4*3！=24；再返回求 5！，可得 5！=5*4！=120；再返回求 6！，可得 6！=6*5！=720。上述整个过程就是递归过程。

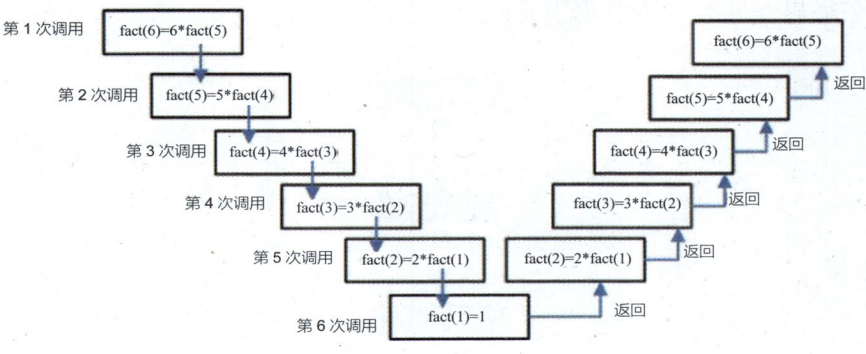

请开动脑筋，思考并回答下面的问题。

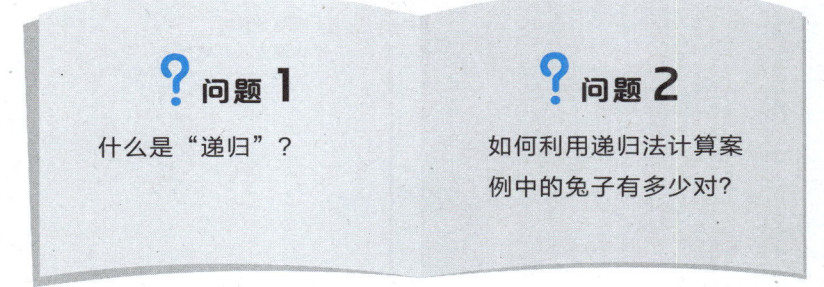

问题1 什么是"递归"？

问题2 如何利用递归法计算案例中的兔子有多少对？

1. 思路分析

递归是一个奇妙的思维方式。在计算机科学中，递归法是指在函数定义中调用函数自身的方法。递归，顾名思义，包含了两个意思：递和归。这正是递归思想的精华所在。

正如上面所描述的案例，递归就是有去（递去）有回（归来），如下页图所示。"有去"是指递归问题必须可以分解为若干个规模较小、与原问题形式相同的子问题，这些子问题可以用相同的解题思路来解决。"有回"是指这些问题的演化过程是一个从大到小、由近及远的过程，并且会有一个明确的终点（临界点）；一旦到达了这个临界点，就不用再往更小、更远的地方走下去；最后，从这个临界点开始，原路返回到原点，从而解决原问题。

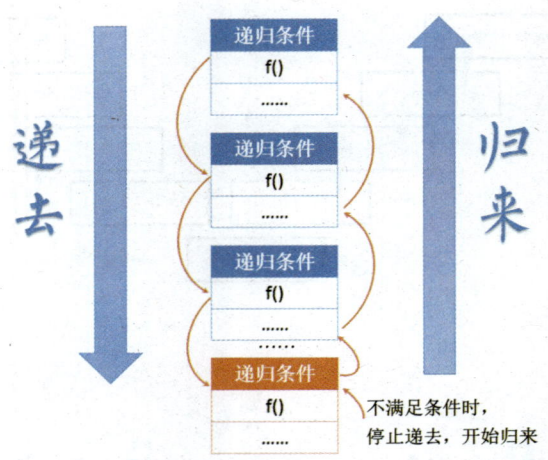

2. 算法描述

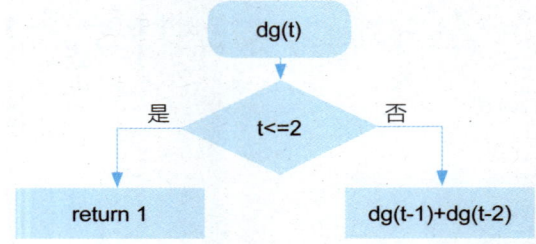

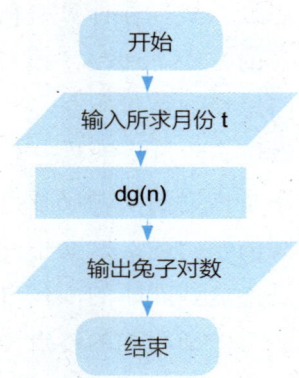

加工坊

1. 编程实现

文件名 27-1.py 第27课 兔子繁殖能力强——递归法

```python
n=int(input("请输入月份："))        # 输入所求月份
def dg(t):                          # 定义函数
    if t <= 2:
        return 1
    else:
        return(dg(t-1) + dg(t-2))   # 递归调用
print(n,"个月后的兔子总对数为：",dg(n)) # 输出兔子总对数
```

2. 测试程序

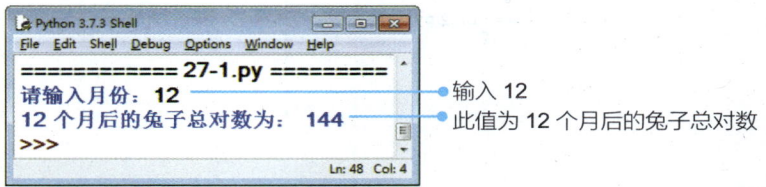

输入 12
此值为 12 个月后的兔子总对数

3. 答疑解惑

在使用递归法多次调用函数时，自定义函数的返回值在参数的写法上常容易出错，如下图所示。

```
n=int(input("请输入月份："))
def shulie(t):
    if t <= 2:               ← 易错点1：容易错写成<2
        return 1
    else:
        return(shulie(t-1) + shulie(t-2))   ← 易错点2：返回值容易错写成shulie(t+1)
print(n,"个月后的兔子总对数为：",shulie(n))
```

4. 拓展应用

我们除了可以使用递归法求解以外，还可以使用交换变量法，例如可借助循环，在循环体内设置 f1=f1+f2、f2=f1+f2 的变化进行求解，这样一次循环可以输出两个月的兔子数，程序代码及运行结果如下图所示。

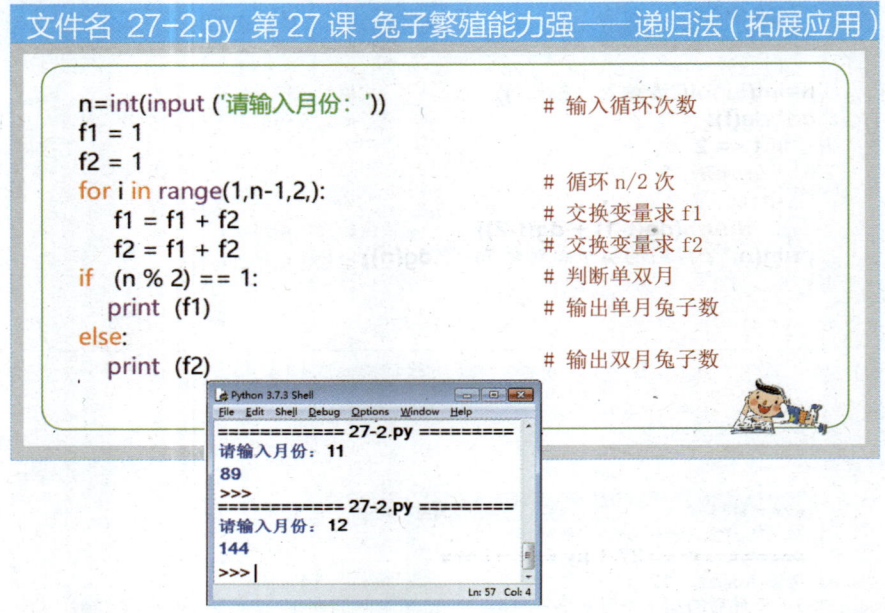

阅览室

1. 斐波那契数列

在数学中，斐波那契数列的定义为：$F(1)=1$，$F(2)=1$，$F(n)=F(n-1)+F(n-2)$（$n>=3$，$n \in N^*$）。

结合案例，刚开始（第 1 个月），有 1 对幼兔，兔子总对数为 1；

第 2 个月，幼兔长为小兔，兔子总对数为 1；

第 3 个月，小兔长大为成年兔子，并生出 1 对幼兔，兔子总对数为 2 对；

第 4 个月，成年兔子再生出 1 对幼兔，幼兔长大为小兔，兔子总对数达到 3 对。依次类推可以得到下页表。

兔子对数	第1个月	第2个月	第3个月	第4个月	第5个月	第6个月	第7个月
幼兔	1	0	1	1	2	3	5
小兔	0	1	0	1	1	2	3
成年兔	0	0	1	1	2	3	5
总计	1	1	2	3	5	8	13

2. 递归算法的特点

在使用递归算法的时候，一定要把握住出口，即设置好一个条件，当满足这个条件的时候就不再递归。递归算法解决问题的特点如下。

● 递归就是在过程或函数中直接或间接地调用自身。

● 在使用递归策略时，必须有一个明确的递归结束条件，该条件称为递归出口。

● 用递归算法解题通常显得很简洁，但递归算法解题的效率较低。

1. 完善程序

（1）下图所示程序的功能为使用递归法求 $n!$。请在下画线处填写正确的代码，完善程序。

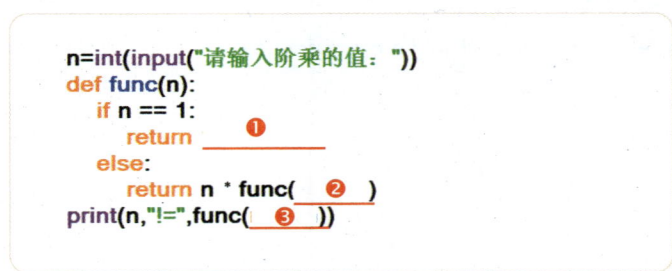

填写代码：❶_____ ❷_____ ❸_____

（2）假设现从左到右有A、B、C共3根柱子，其中A柱子上面有从小到大的 n 个圆盘，现要求将A柱子上的圆盘移到C柱子上去，移动的原则为：一次只能移动一个盘子且大盘子不能在小盘子上面。编写程序，求移动的步骤。

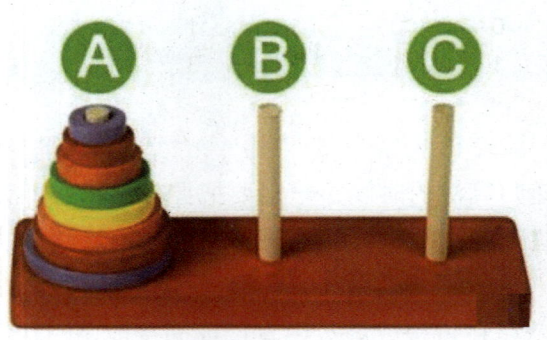

```
def move(n, a, b, c):
    if n == 1:
        print('move', a, '-->', c)
    else:
        move(n-1, ❶_____)
        move(1, a, b, c)
        move(n-1, ❷_____)

print('利用递归函数移动汉诺塔步骤：')
move(3, 'A', 'B', 'C')
```

填写代码：❶_____ ❷_____

2. 编写程序

编程实现递归求和 $1+2+3+\cdots+n$。

第 9 单元　音乐课堂

在 Python 与音乐相融合的课堂中，我们会借助一些外部模块来丰富 Python 的编程内容，使 Python 程序功能变得更加强大。本单元我们将应用相关模块制作我们私人的音乐播放程序，聆听我们喜爱的音乐。

学习内容

- 第 28 课　派神唱歌需设置——模块应用
- 第 29 课　自制音乐播放器——界面设计
- 第 30 课　巧获歌曲排行榜——网络爬虫

第 28 课

派神唱歌需设置
——模块应用

扫一扫，看视频

让计算机演奏音乐

Python 中还有一些特殊的功能模块，利用这些功能模块，我们可以实现一些特定的功能。例如，音乐文件的播放控制，或者利用某些多媒体控制函数，根据乐谱改变函数的参数，让计算机演奏我们喜欢的音乐。当然，要实现这些功能，先要给 Python 安装相关的模块。这些扩展功能模块可以让 Python 如虎添翼，使其编程功能变得更加强大。

研究室

1. 理解题意

在 Python 中安装扩展功能模块，可以使 Python 的编程功能变得更加强大。例如，安装了 pygame 模块，就有了控制计算机多媒体播放的函数，通过这些函数能让计算机演奏出美妙的音乐。

在让计算机演奏音乐之前，我们需先了解声音的基本原理。简单来讲，声音是由物体振动产生的。声音有 3 个基本特征：响度、音调和音色。响度就是声音的大小，由振动时的振幅决定。音调就是声音的高低，由振动时的频率决定。频率高音调就高，频率低音调就低。音色就是声音的特点，由振动的波形决定。不同的物体振动时的波形不一样，所以我们能听音识物。本课的目的是通过代码模拟不同的响度、音调和音色而发出不同的声音。

2. 开动脑筋

根据题意描述，思考并回答下面的问题。

问题 1
如何在 Python 中安装外部模块？

问题 2
Python 中的 pygame 模块有什么作用？

1. 思路分析

Python 模块是一个 Python 文件，以 .py 结尾，包含了 Python 对象定义和 Python 语句。模块能定义函数、类和变量，模块里也能包含可执行的代码。模块是一些编程高手编写的，使用时不必了解这些模块的具体代码，只需根据模块功能合理运用模块即可。引入模块可以让程序代码更好用、更易懂，让程序功能更加强大。下面以安装外置 pygame 模块为例，介绍模块的一般安装步骤，如下图所示。

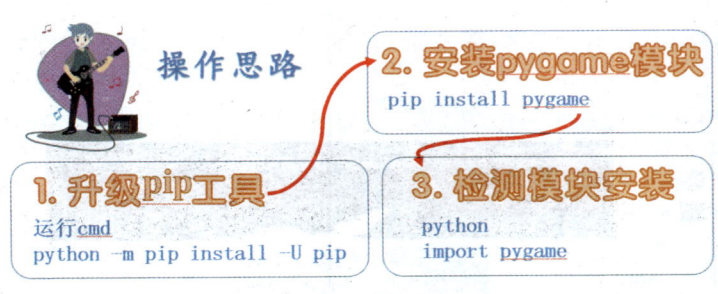

2. 算法描述

根据上述思路分析，借助 pygame 模块来编程控制音乐的播放的求解步骤如下。

第 1 步：载入外置 pygame 模块，载入内置 time 模块。

第 2 步：初始化 pygame 模块的 mixer.init() 音频部分。

第 3 步：载入音频文件 pygame.mixer.music.load(file)。

第 4 步：播放音频文件 pygame.mixer.music.play()。

第 5 步：设置播放音频文件的时间 time.sleep(30)。

第 6 步：停止播放音频文件 pygame.mixer.music.stop()。

其算法流程图如右图所示。

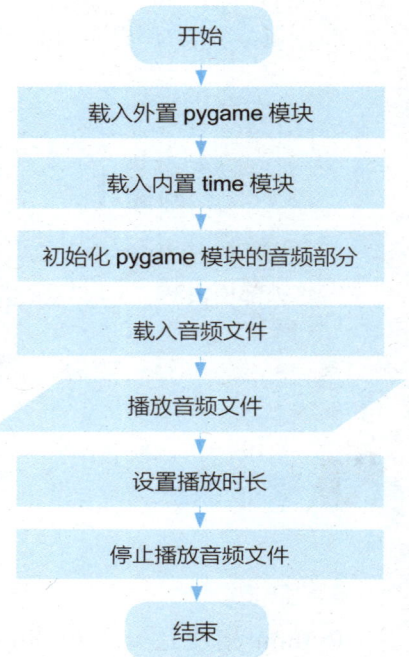

1. 安装外部模块

pygame 模块是 Python 的外部模块，在使用之前需要进行安装。pygame 模块的安装需在 cmd 运行环境中，利用 pip 工具来完成。具体的操作步骤如下。

● **执行 cmd 命令** 按下图所示的操作，进入 cmd 运行环境。

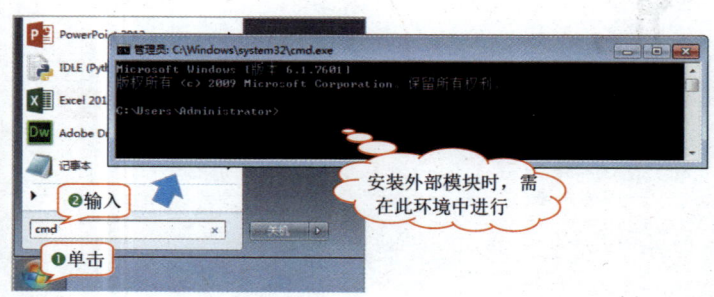

● **升级 pip 工具** 按下图所示的操作，输入命令"python -m pip install --upgrade pip"。pip 工具是 Python 3.0 及以上版本安装时自带的安装、删除外部模块的维护工具。

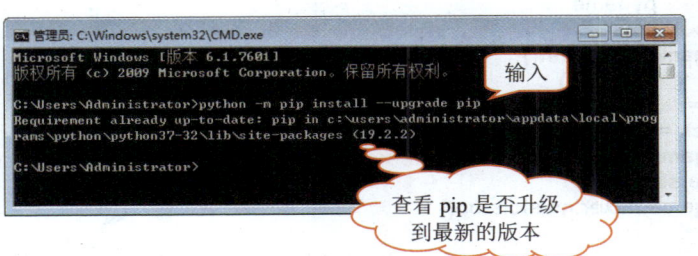

● **执行安装 pygame 模块的命令** 按下图所示的操作，输入命令"pip install pygame"后，系统将自动连接到网站，下载并安装 pygame 模块。

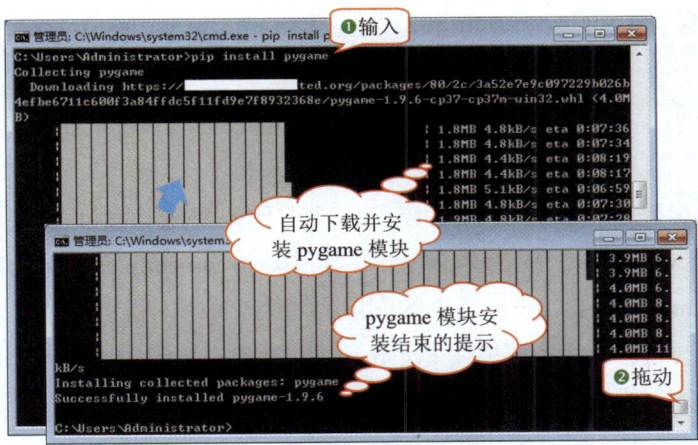

● **检测 pygame 模块** 按下图所示的操作，查看模块是否安装成功。若安装成功，则退出 cmd 运行环境。

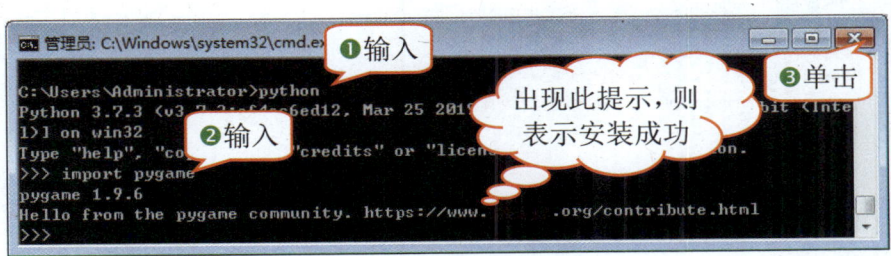

2. 编程实现

文件名 28-1.py 第 28 课 派神唱歌需设置——模块应用

3. 测试程序

4. 答疑解惑

编写程序时，只要载入音乐文件的代码格式，就可播放任意的 .mp3 和 .wav 格式的音乐文件。其中，pygame.mixer.music.play() 与 pygame.mixer.music.stop() 命令的作用为播放音乐和停止播放音乐。在此过程中，不必了解外部模块 pygame 中播放音乐与停止播放音乐的具体代码，直接引用该模块即可。

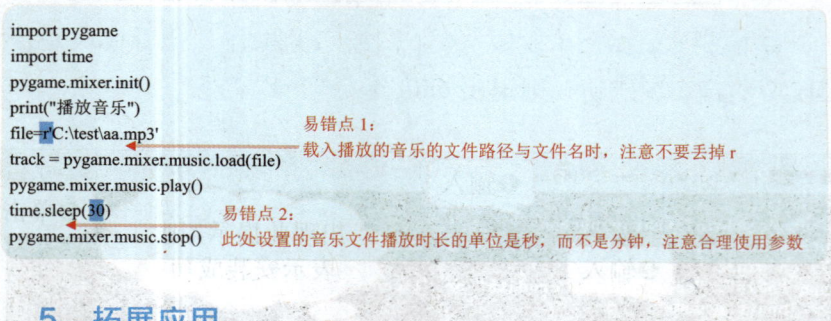

5. 拓展应用

在 Python 中，也可以使用内部模块 winsound 中的 Beep() 函数，让计算机演奏音乐。下图所示是通过自定义函数，并利用 Beep() 函数编写的"天空之城"音乐代码。其中，Beep(880，250) 语句中的 880 表示频率（Hz），250 表示蜂鸣持续 250 毫秒（ms）。

文件名 28-2.py 第 28 课 派神唱歌需设置——模块应用（拓展应用）

```
from winsound import Beep        # 载入内部模块 winsound
def sound():                      # 天空之城，按音节逐一模拟发音
 Beep(880,250);   Beep(988,250);   Beep(523*2,600);Beep(988,300)
 Beep(523*2,600);Beep(659*2,600);Beep(988,1000); Beep(659,250)
 Beep(659,250);   Beep(880,600);   Beep(784,300);   Beep(880,600)
 Beep(523*2,600);Beep(784,1000); Beep(659,600);   Beep(698,800)
 Beep(659,300);   Beep(698,600);   Beep(523*2,600);Beep(659,980)
 Beep(523*2,250);Beep(523*2,250);Beep(523*2,250);Beep(988,600)
 Beep(739,300);   Beep(739,600);   Beep(988,600);   Beep(988,1000)
 Beep(880,250);   Beep(988,250);   Beep(523*2,600);Beep(988,300)
 Beep(523*2,600);Beep(659*2,600);Beep(988,1000); Beep(659,250)
 Beep(659,250);   Beep(880,600);   Beep(784,300);   Beep(880,600)
 Beep(523*2,600);Beep(784,1000); Beep(659,600);   Beep(698,800)
 Beep(659,300);   Beep(698,600);   Beep(523*2,600);Beep(659,980)
 Beep(523*2,250);Beep(523*2,250);Beep(523*2,250);Beep(988,600)
 Beep(739,300);   Beep(739,600);   Beep(988,600);   Beep(988,1000)
sound()
```

1. Python 模块置入与应用

有很多编程高手为 Python 语言开发了一些功能强大的模块。例如，pygame 模块就是专为电子娱乐游戏而设计的，其中包含处理图像、声音的多种函数。使用这些模块中的函数和变量时，首先要载入它们，然后才可以使用。

● **模块的载入** 使用 import 语句来载入模块。

格式： import module1[, module2[,…moduleN]]

示例： import pygame

● **模块的调用**　模块载入后，即可调用模块中的函数来编写程序。例如，pygame.mixer.music 是 pygame 模块中控制音频的子模块，stop() 是停止函数。模块名与函数名之间使用点号"."连接。

> **格式：** 模块名 . 函数名
>
> **示例：** pygame.mixer.music.stop( )

2. pygame 模块的音频处理

pygame 是一个功能强大的模块，在 pygame 模块中还有很多专项的功能子模块，如文字字体设置的子模块、绘制图像的子模块等。pygame.mixer.music 是控制音频的子模块，其中包含很多函数，下表列举了一些常用的音频控制子模块的函数及其功能。

音频控制子模块函数	功能
pygame.mixer.music.load()	载入一个用于播放的音乐文件
pygame.mixer.music.play()	开始播放音乐
pygame.mixer.music.rewind()	重新开始播放音乐
pygame.mixer.music.stop()	结束播放音乐
pygame.mixer.music.pause()	暂停播放音乐
pygame.mixer.music.unpause()	恢复播放音乐
pygame.mixer.music.fadeout()	以淡出的效果结束播放音乐
pygame.mixer.music.set_volume()	设置音量
pygame.mixer.music.get_volume()	获取音量

3. 应用蜂鸣器编写音乐代码

借助计算机的蜂鸣器，可以将枯燥的嘀嘀声变成悠扬的乐曲。其原理是改变了声音的频率。下页图所示的简谱上有1、2、3、4、

5、6、7这7个音阶，每一个音阶代表声音的一个频率，其中一个八度内（do 到高音 do），音调一个比一个高，并且高音 do 的频率是 do 的两倍。

例如电子琴，我们把这个八度看作十二平均律，也就是说在一个八度之内，白键和黑键一共有 12 个键，假如 do 的频率为 do 赫兹，那么高音 do（高）=do×2。根据十二平均律，这 12 个键为等比数列，设公比为 q，那么就是 do×q^{12}=do(高)，即 q^{12}=2，解得 q≈1.06。

通常电子琴中央 C 区的 do 频率是 523Hz，依据等比数列我们就能够算出所有的高低音的频率了，如下表所示。利用内部模块 winsound 中的 Beep() 函数，就可以编写音乐程序了。

简谱	低音数值	标准数值	高音数值	对应位置
1	do(C) 262	do(C)523	do(C) 1046	
2	re(D) 294	re (D)578	re(D) 1175	
3	mi(E) 330	mi(E) 659	mi(E) 1318	
4	fa(F) 349	fa(F) 698	fa (F)1480	
5	so(G) 392	so(G) 784	so (G)1568	
6	la(A) 440	la(A) 880	la(A) 1760	
7	si(B) 494	si(B) 988	si (B) 1976	

1. 运行程序，填写注释

运行下图所示的程序，在下画线处填写代码注释。

```
import pygame
pygame.mixer.init()
filename=r'C:/test/aa.mp3'———————————❶
pygame.mixer.music.load(filename)———————❷
pygame.mixer.music.play(loops=0, start=30.0)———❸
```

填写注释：

❶ _____

❷ _____

❸ _____

2. 参考案例，改写程序

下图是歌曲《两只老虎》的简谱，其中简谱下方的数字为 Beep() 函数中相对应的频率，标准时长为 250ms。请将下面的程序补充完整。

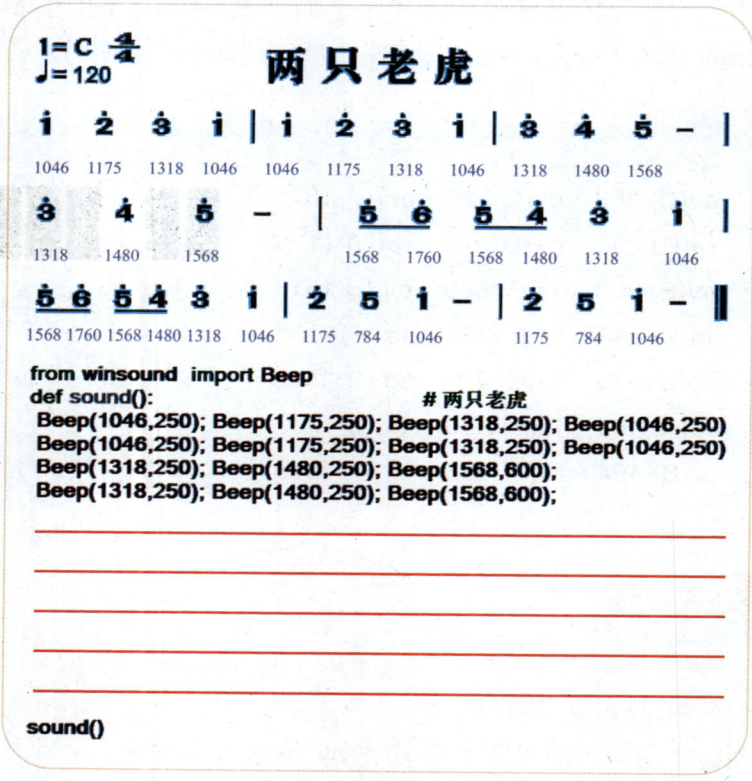

第29课

自制音乐播放器
——界面设计

利用 Python 中的 tkinter 模块，可以开发出个性化的音乐播放器。在设计界面时，可以根据需求，设置播放按钮、对按钮进行合理布局、设计按钮的大小与颜色等，如下图所示。

1. 理解题意

在 Python 中，使用 tkinter 模块进行图形界面设计时，需要引入查找按钮定义函数、窗口大小设置函数以及按钮排列函数等函数进行相关设计。其中最为重要的是按钮设计。根据题意，需要设计

"选择音乐""暂停播放""继续播放""停止播放"这4个按钮，并定义这4个按钮的功能。

2. 开动脑筋

根据题意，思考并回答下面的问题。

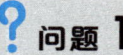

问题 1
如何定义按钮的功能？

问题 2
如何设置音乐播放器的界面？

1. 思路分析

使用 Python 编写音乐播放器程序时，需载入相关的模块，再根据按钮功能自定义功能函数。在主程序代码中，需进行参数的初始化操作，并根据设计需求定义窗口的标题、设置窗口的大小、添加播放器菜单，具体的操作思路如下图所示。

操作思路

1. 载入相关模块
```
from tkinter import *
from tkinter import filedialog
from pygame.locals import *
import pygame, time, sys
```

2. 自定义按钮功能
```
def stop():
    pygame.mixer.music.stop()
...
```

3. 播放器界面设计
```
root = Tk()
root.title("派神的音乐播放器")
root.geometry("235x50")
root.config(menu=Menu())
```

2. 算法描述

根据上述思路分析，求解步骤如下。

第 1 步：载入 pygame、time、sys、tkinter 模块。

第 2 步：自定义选择、暂停、播放、停止 4 个函数。

第 3 步：初始化 pygame 模块的 mixer.init() 音频部分。

第 4 步：定义播放器窗口的标题。

第 5 步：定义播放器窗口的宽度与高度。

第 6 步：添加菜单，设置操作提示语。

第 7 步：设置选择、暂停、播放、停止 4 个按钮。

其算法流程图如下图所示。

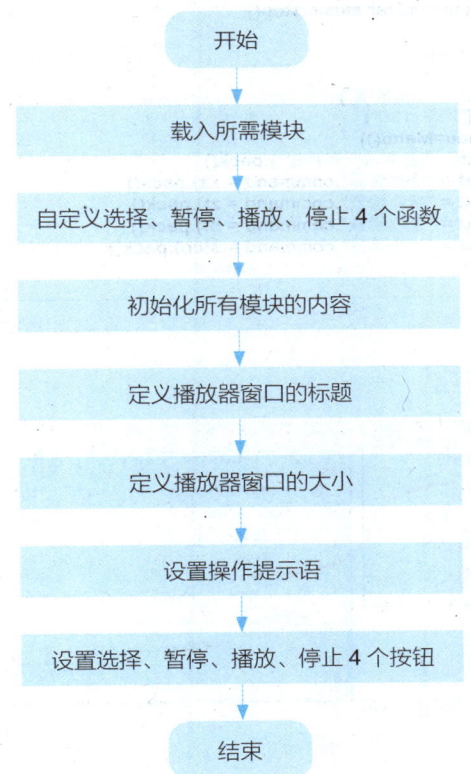

1. 编程实现

文件名 29-1.py 第29课 自制音乐播放器——界面设计

```python
from tkinter import *                    # 载入外部模块
from tkinter import filedialog
from pygame.locals import *
import pygame,time,sys
def xz():                                # 自定义函数
    file = filedialog.askopenfilename()
    track = pygame.mixer.music.load(file)
    pygame.mixer.music.play()
def zt():    pygame.mixer.music.pause()
def bf():    pygame.mixer.music.unpause()
def stop(): pygame.mixer.music.stop()
pygame.init()                            # 初始化
pygame.mixer.init()
root = Tk()
root.title("派神的音乐播放器")           # 设置窗口标题
root.geometry("235x130")                 # 设置窗口大小
root.config(menu=Menu())                 # 设置窗口按钮
Label(root, text="请您单击下列按钮").pack()
Button(root,text = "选择音乐",command = xz).pack()
Button(root,text = "暂停播放",command = zt).pack()
Button(root,text = "继续播放",command = bf).pack()
Button(root,text = "停止播放",command = stop).pack()
root.mainloop()                          # 循环等待输入
```

2. 测试程序

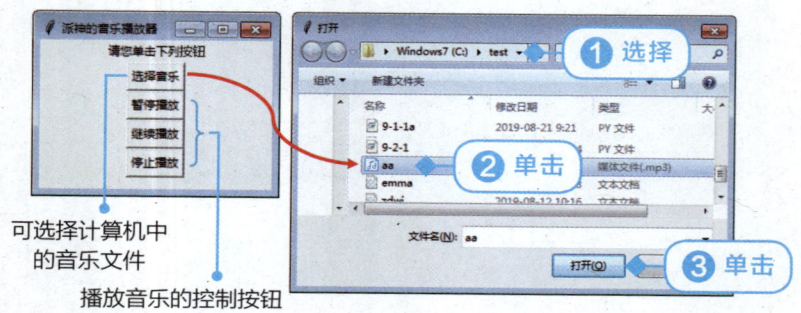

可选计算机中的音乐文件

播放音乐的控制按钮

3. 答疑解惑

由于 Python 不仅具有丰富且强大的库，还能够把用其他语言制作的各种模块轻松地联结在一起，因此常被称为"胶水语言"。本课只需参照载入模块的代码即可，不必过多了解这些代码的格式，因为界面的设计与代码的编写才是本课学习的重点。

```
def xz():                ← 易错点1：xz():中的括号与冒号不能省略
    file = filedialog.askopenfilename()
                                        易错点2：
    track = pygame.mixer.music.load(file)    自定义函数xz()时，代码要符合要求
    pygame.mixer.music.play()

root = Tk()
root.title("派神的音乐播放器")
root.geometry("235x130")
root.config(menu=Menu())
Label(root, text="请您单击下列按钮").pack()
Button(root,text = "选择音乐",command = xz).pack()      易错点3：
Button(root,text = "暂停播放",command = zt).pack()      此处调用自定义函数xz()时，
Button(root,text = "继续播放",command = bf).pack()      不能写为xz（）
Button(root,text = "停止播放",command = stop).pack()
root.mainloop()
```

4. 拓展应用

上述程序是音乐播放器的初版，我们还可以进一步完善，如将窗口中的按钮由不太好看的默认竖排改为横排的方式，关键实现代码如下图所示。

```
root = Tk()
root.title("派神的音乐播放器")
root.geometry("235x50")
root.config(menu=Menu())
Label(root, text="请您单击下列按钮").pack(fill = Y)
Button(root,text = "选择音乐",bg = 'red',command = xz).pack(fill = Y, side = LEFT)
Button(root,text = "暂停播放",bg = 'blue',command = zt).pack(fill = Y, side = LEFT)
Button(root,text = "继续播放",bg = 'green',command = bf).pack(fill = Y, side = LEFT)
Button(root,text = "停止播放",bg = 'yellow',command = stop).pack(fill = Y, side = LEFT)
root.mainloop()
```

1. tkinter 模块中的 geometry() 函数的应用

tkinter 模块是一个跨平台的脚本图形界面接口，其中 geometry() 函数用于设计窗口的大小，以及该窗口左顶点的具体位置。示例应用如下页图所示。

格式： geometry("widthxheight+x+y")

示例： from tkinter import *
　　　　root=Tk()
　　　　root.geometry("200x200+200+200")

2. tkinter 模块中的 Label() 函数的应用

Label() 函数用于设置窗口中按钮的参数。示例应用如下图所示。

格式： Label(根对象 , [属性列表])

参数： text 指文本；
　　　　bg 指背景颜色；
　　　　fg 指前景颜色（就是字体颜色）；
　　　　font 指字体（样式、大小）；
　　　　width 指控件宽度，height 指控件高度；
　　　　justify 指文字对齐方向，有 left、right、center 3 种方式，默认为 center；
　　　　padx 指水平方向的边距，默认为 1 像素；
　　　　pady 指竖直方向的边距，默认为 1 像素。

示例： Label(root, text = 'l1', bg = 'red').pack(fill = Y)
　　　　Label(root, text = 'l2', bg = 'green').pack(fill = BOTH)
　　　　Label(root, text = 'l3', bg = 'blue').pack(fill = X)

效果：

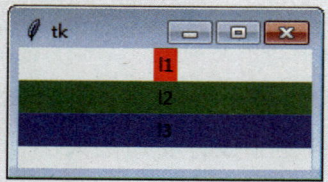

3. tkinter 模块中的 Button() 函数的应用

Button() 是添加按钮的代码的关键函数。使用该函数，可以在按钮上设置文本或图像。按钮可用于监听用户行为，当按钮被单击时，程序将自动调用该按钮所对应的函数。示例应用如下图所示。

格式： Button (master, option=value, …)

参数： master 指按钮所在的窗口；
options 指可选择的项，即该按钮可设置的属性；
这些选项可以用键＝值的形式来设置，并以逗号分隔。

示例：
```
import tkinter as tk
root = tk.Tk()
root.geometry("300x200")
def func(event):
 print("You hit return.")
def onclick(event):
 print("You clicked the button")
root.bind('<Return>', onclick)
button = tk.Button(root, text="click me")
button.bind('<Button-1>', onclick)
button.pack()
root.mainloop()
```

效果：

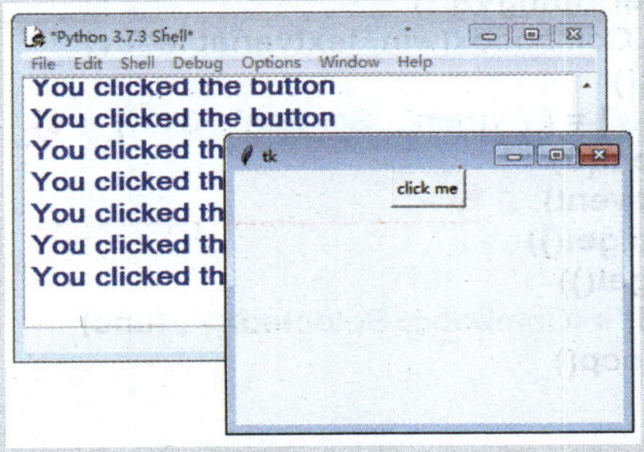

 创新园

1. 完善程序

在下画线处填写正确的代码，使程序运行后的效果如下图所示。

```
……
pygame.init()
pygame.mixer.init()
root = Tk()
root.title("派神的音乐播放器")
root.geometry("      ❶      ")
root.config(menu=Menu())
Label(root, text="请您单击下列按钮").pack()
Button(root,text = "选择音乐",bg = 'orange',command = xz).pack()
Button(root,text = "暂停播放",bg = 'gold',command = zt).pack()
Button(root,text = "继续播放",bg = '   ❷   ',command = bf).pack()
Button(root,text = "停止播放",bg = 'pink',command = stop).pack()
root.mainloop()
```

填写代码：❶_____ ❷_____

2. 运行程序写注释

运行下图所示的程序，在下画线处填写关键代码的功能注释。

```
import tkinter
from tkinter import ttk
win = tkinter.Tk()
win.title('下拉式菜单')
win.geometry('300x100+200+50')
cv = tkinter.StringVar()
com = ttk.Combobox(win, textvariable=cv)
com.pack()
com['value'] = ('Python', 'Scratch', 'C++')  # ❶_____
com.current(0)
def func(event):  # ❷_____
    print(com.get())
    print(cv.get())
    com.bind('<<ComboboxSelected>>', func)
win.mainloop()
```

填写注释：❶_____ ❷_____

第 30 课

巧获歌曲排行榜
——网络爬虫

扫一扫，看视频

应用 Python 网络爬虫的功能，可以自动抓取网络中所需的一些信息。例如，要获取当前流行的歌曲排行的相关数据时，就可以发挥 Python 强大的网络自动收集功能，快速获取相关信息。

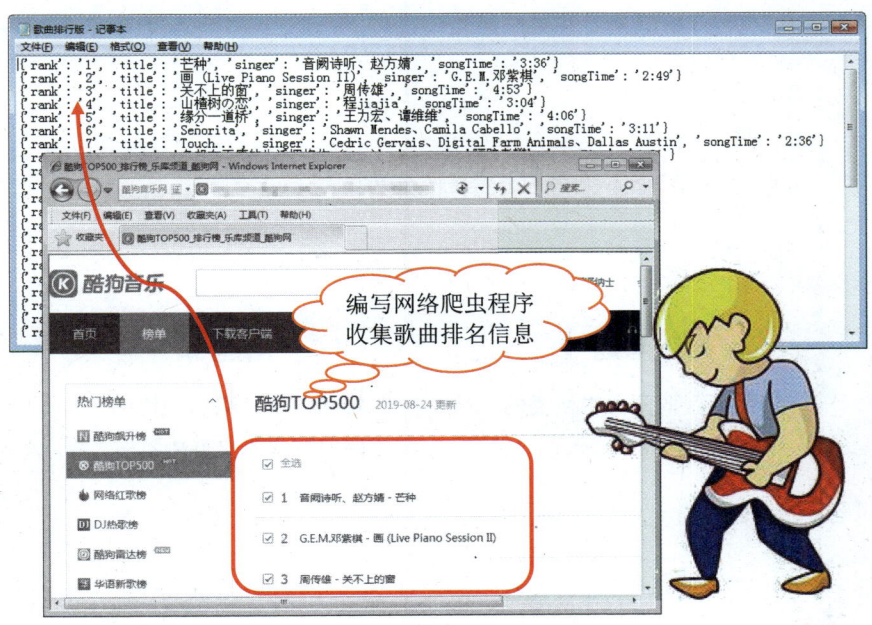

编写网络爬虫程序收集歌曲排名信息

251

1. 理解题意

首先，我们要在音乐网站中找到音乐排行榜信息；接着找出该网站呈现歌曲排行的具体网页的网址；再编写程序，使用程序代码自动获取该网页中歌曲排行榜的信息；最后将这些信息按一定的输出格式进行保存，即将在排行榜中自动获取的歌曲的名称、演唱者、歌曲时长等信息保存到记事本文件中。

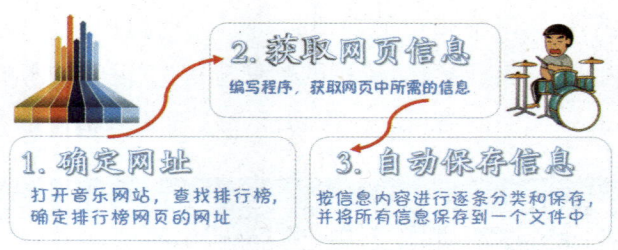

2. 开动脑筋

根据上述分析，思考并回答下面的问题。

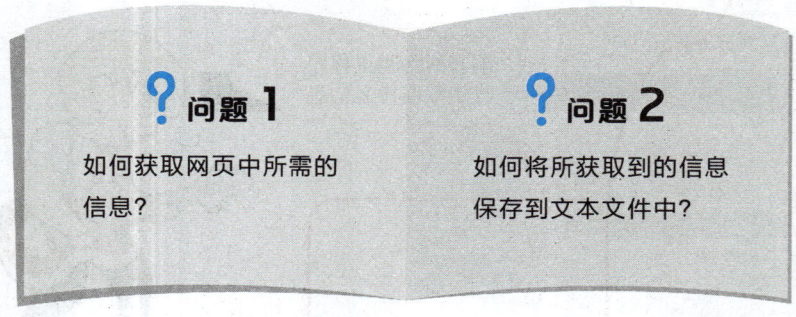

问题1 如何获取网页中所需的信息？

问题2 如何将所获取到的信息保存到文本文件中？

1. 思路分析

bs4模块中的BeautifulSoup功能，可以帮助我们很方便地从

网页中抓取数据。bs4 模块是外部模块，需要提前安装，安装方式同安装 pygame 模块一样。在 cmd 运行环境中执行 pip install bs4 命令，安装好 bs4 模块后即可使用。

因为本案例要使用多个函数，所以需先定义一个类（class）。类就是一个模板，模板里可以包含多个函数。在 class Kugou(object): 这个类中，我们要定义两个函数，一个是初始化函数 def _init_(self):，另一个是读取网页信息并保存为文本文件的 def getInfo(self, url): 函数。在执行主程序时，只要调用自定义 Kugou() 类，就会自动执行该类中的这两个函数。

本案例的操作思路如下图所示。

2．算法描述

根据上述思路分析，求解步骤如下。

第 1 步：载入 time、json、requests、bs4 模块（若没有 bs4 模块，则需要安装）。

第 2 步：使用语句"class Kugou(object):"定义一个 Kugou 类，并定义两个函数，一个是初始化函数 def_init_（self）:，另一个是采集并保存数据的 def getInfo(self, url): 函数。

第 3 步：确定要抓取信息的网页网址。
第 4 步：设置循环，循环次数是排行榜的页数。
第 5 步：调用 kugou.getInfo(url) 函数。
第 6 步：添加菜单，设置操作提示语。
第 7 步：每执行一次循环，暂停一秒，直到循环结束。
其算法流程图如下图所示。

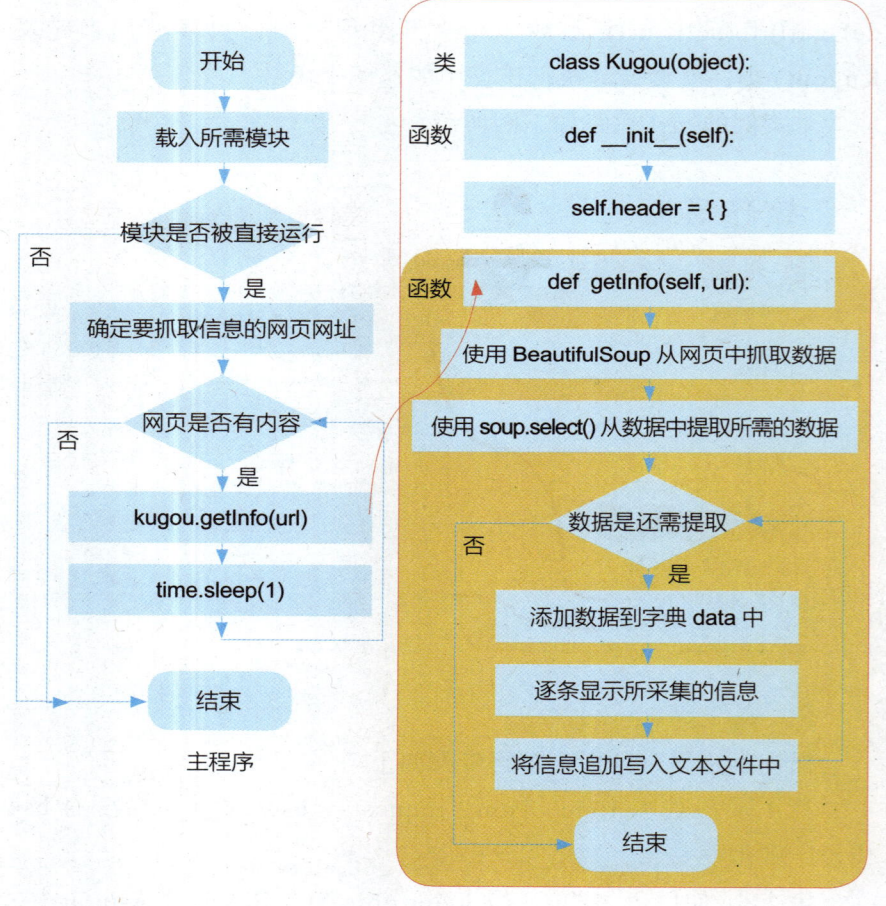

加工坊

1. 编程实现

文件名 30-1.py 第 30 课 巧获歌曲排行榜——网络爬虫

```python
import time,json
import requests
from bs4 import BeautifulSoup          # 载入模块
class Kugou(object):                    # 定义一个类
    def __init__(self):  self.header = { }    # 定义初始化函数
    def getInfo(self, url):             # 定义数据采集与保存函数
        html = requests.get(url, headers=self.header)   # 抓取前初始化
        soup = BeautifulSoup(html.text, 'html.parser')  # 抓取网页信息
        ranks = soup.select('.pc_temp_num')             # 抓取序号信息
        titles = soup.select('.pc_temp_songlist > ul > li > a')  # 查找信息
        times = soup.select('.pc_temp_time')            # 抓取时间信息
        for rank, title, songTime in zip(ranks, titles, times):
            data = {'rank': rank.get_text().strip(),    # 存到字典中
                    'title': title.get_text().split('-')[1].strip(),
                    'singer': title.get_text().split('-')[0].strip(),
                    'songTime': songTime.get_text().strip()  }
            s = str(data)
            print('rank:%2s\t' % data['rank'], 'title:%2s\t' % data['title'],
                  'singer:%2s\t' %data['singer'],
                  'songTime:%2s\t' % data['songTime'])   # 逐条显示信息
            with open('歌曲排行版.txt', 'a', encoding='utf8') as f:
                f.writelines(s + '\n')                   # 保存到文本文件中
if __name__ == '__main__':                               # 主程序
    urls = [ 'http://www.kugou.com/yy/rank/home/{}-8888.html'
             .format(str(i)) for i in range(10) ]        # 定义网址信息
    kugou = Kugou()
    for url in urls:
        kugou.getInfo(url)                               # 调用数据采集与保存函数
        time.sleep(1)                                    # 每执行1次循环,暂停1秒
```

2. 测试程序

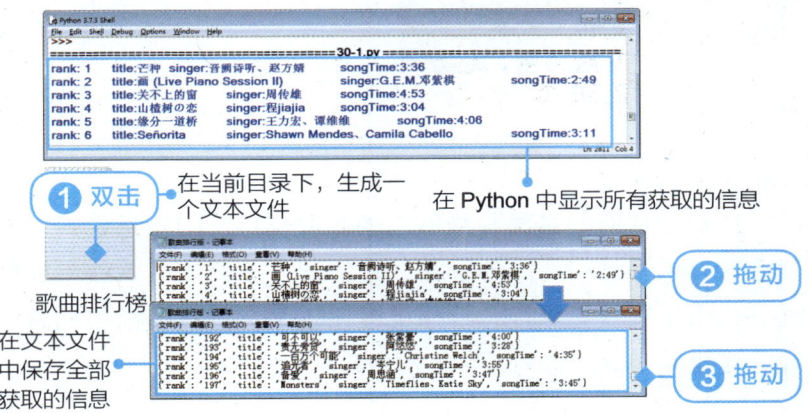

3. 答疑解惑

本程序看起来很长,但实际上关键代码并不多。

● **关键代码1** 对多个网页排行榜中的信息进行设置。

```
urls = ['http://www.█████.com/yy/rank/home/{}-8888.html'
    .format(str(i)) for i in range(1, 5)]
for i in urls:
    print(i)
```

将排行榜的网页按循环顺序显示

结果输出:
```
http://www.█████.com/yy/rank/home/1-8888.html
http://www.█████.com/yy/rank/home/2-8888.html
http://www.█████.com/yy/rank/home/3-8888.html
http://www.█████.com/yy/rank/home/4-8888.html
```

● **关键代码2** 获取网页中的信息,并将其保存在字典中。

```
for rank, title, songTime in zip(ranks, titles, times):
    data = { 'rank': rank.get_text().strip(),
             'title': title.get_text().split('-')[0].strip(),
             'singer': title.get_text().split('-')[1].strip(),
             'songTime': songTime.get_text()    }
print(data['rank'])
print(data['title'])
print(data['singer'])
print(data['songTime'])
```

结果输出:
```
1
芒种
音阙诗听、赵方婧
3:36
```

4. 拓展应用

上述程序读取的是酷狗网站中的歌曲排行榜的信息,其实还可以获取该音乐网站中的其他歌曲,这需要修改对应的歌曲下载链接地址。但由于版权等原因,要保证程序正常运行,需根据歌曲链接地址的变化而随时修改程序。

文件名 30-2.py 第30课 巧获歌曲排行榜——网络爬虫（拓展应用）

```python
import requests,re,os
while True:
    keyword = input('请输入想要听的歌曲：')
    url = 'https://www.____.com/yy/html/search.html
          #searchType=song&searchKeyWord='+keyword
    content = requests.get(url).text
    songname = re.findall('"SongName":"(.*?)"',content)
    k=0
    for i in songname:
        k+=1
        print('{0}:{1}'.format(k,i))
    choice= int(input('请选择下载歌曲'))
    filehash = re.findall('"SongName":"(.*?)"',content)[choice-1]
    hash_url = 'http://www.____.com/yy/index.php?r=
                play/getdata&hash='+filehash
    play_url = re.findall('"SongName":"(.*?)"',hash_content)
    play_url = ''.join(play_url)
    download_url = play_url.replace('\\','')
    with open(songname[choice-1]+'.mp3','wb')as fp:
        fp.write(requests.get(download_url).content
        print('歌曲｛｝下载成功'.format(songname[choice-1]))
    choice=input('是否继续下载（y/n）：')
    if choice.lower()=='y':
        continue
    else:
        break
```

1. BeautifulSoup 模块的安装

BeautifulSoup 提供了一些简单的、Python 式的函数用于实现导航、搜索、修改分析等功能。它是一个工具箱，通过解析文档为用户提供需要抓取的数据，因为简单，所以不需要多少代码就可以编写出一个完整的应用程序。BeautifulSoup 会自动将输入文档转换为 Unicode 编码，将输出文档转换为 utf-8 编码。

BeautifulSoup 3 目前已经停止开发，推荐在现在的项目中使用 BeautifulSoup 4，不过它已经被移植到 bs4 了。也就是说，导入时我们需要执行"import bs4"命令。在 bs4 中有着 BeautifulSoup 模块，有了它我们可以很方便地提取出 HTML 或 XML 标签中的内容。安装 bs4 的方式同安装 pygame 一样。先要执行 cmd 命令，然后在 cmd 运行环境中输入 pip install bs4，如下页图所示。

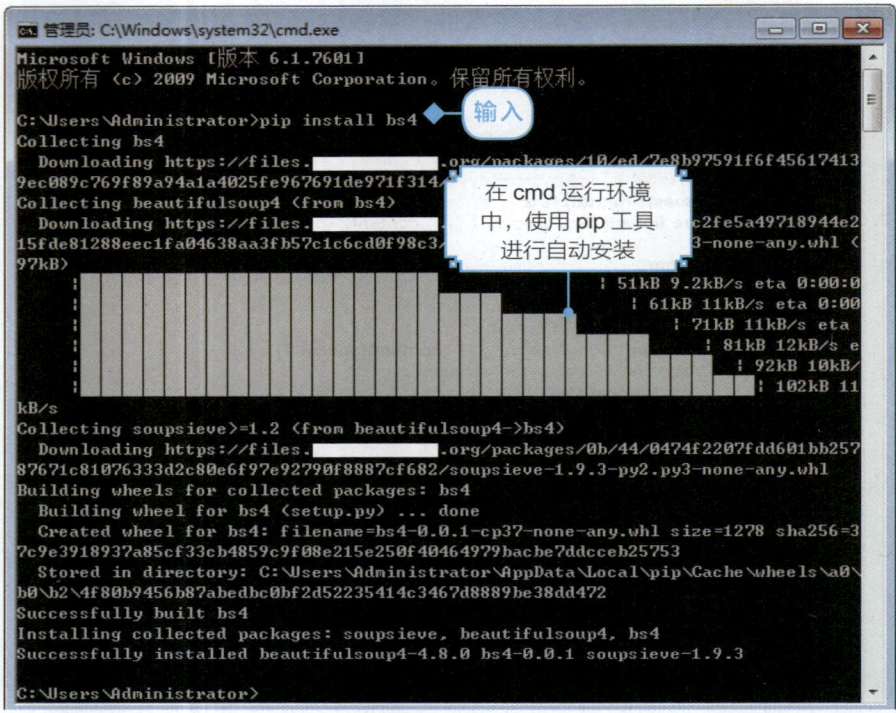

2. 网络爬虫的常规操作步骤

网络爬虫的常规操作步骤如下。

- 确定目标：我们要明确目标，如爬取的是某歌手的单曲。
- 分析目标：url 格式（范围）、数据格式和网页编码。
- 编写代码：根据分析目标编写代码。
- 执行爬虫：测试爬虫执行的情况。

1. 运行获取歌曲排行榜信息的程序

运行本案例程序，体验利用网络爬虫抓取网络信息的功能。

2. 运行歌曲下载程序

运行本案例扩展程序，体验利用网络爬虫下载音乐的功能。